왜? 어떻게?
탐구심과 창의력을 키워 주는

명작 동화에 숨어 있는
과학 수수께끼

가와무라 야스후미·고바야시 나오미(도쿄이과대학) 지음

기타가와 치하루 동화

지경사

이 책을 읽는 어린이들에게

나만의 수수께끼를
풀어 보자

초등학교 저학년부터 고학년 어린이들은 틈틈이 이 책을 읽어 주기 바라요.
아직 글자를 읽지 못하는 어린 친구들은 어른의 도움을 받아도 괜찮아요.
어린이 여러분이 이 책을 읽으며 많은 것들을 느꼈으면 좋겠어요.

혼자서 책을 읽을 수 있는 친구들은 명작 동화에 숨어 있는 여러 가지
과학 수수께끼를 통해 재미를 느낄 수 있을 거예요.
또 이와 관련이 있는 과학의 원리에 대한 설명을 읽고, 이야기 속에서 만난
수수께끼 풀이 방법도 살펴보세요!
과학적인 궁금증을 직접 해결해 보는 체험을 할 수 있을 거예요.

책을 혼자 읽는 것이 익숙한 친구들은 이야기 속 과학 수수께끼에 대해
자신만의 생각으로 차분하게 고민해 보면 좋겠어요.

또한 그 생각과 고민을 친구들과 선생님 그리고 주변 어른들과 서로 나누어 보세요.
이와 같이 스스로 생각하고 고민해 보는 것을 '탐구'라고 한답니다.

책을 끝까지 다 읽었지만 수수께끼의 답을 찾아 내지 못하더라도 괜찮아요.
그 수수께끼를 계속 마음속에 담아 두고 기억해 주기만 해도 좋아요.
스스로 수수께끼의 답을 찾는 과정을 반복하다 보면 어느새 훌쩍 자란
자신을 발견하게 될 거예요. 스스로 탐구하려는 마음을 지닌 사람은
행복하답니다.
명작 동화 속에 숨어 있는 수수께끼와 그 바탕을 이루는 과학의 원리를
탐구할수록 자신감을 얻게 될 거예요.
많은 어린이들이 이 책과 함께 성장하기를 진심으로 바랍니다.

지은이 **가와무라 야스후미**(川村康文)

차 례

이 책을 읽는 어린이들에게 ……………………… 2
이 책의 사용 방법 …………………………… 9
보호자님께 ……………………………………… 10 / 196

브레멘 음악대
≫ 소리의 수수께끼

Q 기타는 어떤 악기일까? ……………………………………… 18
나도 과학자★실험해 보기 고무줄 기타를 만들어 보자 ………… 20
Q 북은 어떤 악기일까? ………………………………………… 22
나도 과학자★실험해 보기 풍선으로 북을 만들어 보자 ………… 23
Q 피아노는 어떤 악기일까? …………………………………… 24
Q 합창으로 부르는 노랫소리가 아름답게 들리는 이유는 뭘까? … 26

엄지 공주
≫ 동식물의 수수께끼

Q 튤립은 어떤 꽃일까? ………………………………………… 34
Q 두더지는 왜 햇빛을 싫어할까? ……………………………… 35
Q 제비는 어디에서 와서 어디로 가는 걸까? ………………… 37

 ## 잭과 콩나무
》 구름의 수수께끼

Q 잭이 바꿔 들고 온 '콩'은 어떤 콩일까? ·················· 46
Q 구름 위에 올라가 보고 싶어! ·················· 49
Q 이야기 속에 나온 '콩나무'는 얼마나 높이 자랐던 걸까? ·················· 50
Q '황금알'의 크기는 어느 정도일까? ·················· 54

 ## 아기 돼지 삼 형제
》 건물의 수수께끼

Q 지푸라기 집, 나무 집, 벽돌집은 어떤 집일까? ·················· 61
Q 아기 돼지 삼 형제가 집을 함께 지었다면 어땠을까? ·················· 63
Q 높은 탑은 지진이 일어나도 무너지지 않을까? ·················· 65

 ## 인어 공주
》 물고기의 수수께끼

Q 물고기는 땅 위에서, 사람은 물속에서 숨을 쉬지 못하는 이유는 뭘까? ······ 75
Q 사람은 헤엄칠 때 팔과 다리를 어떻게 움직여야 할까? ·················· 77
Q 물고기는 어떻게 빨리 헤엄칠 수 있는 걸까? ·················· 80
나도 과학자★실험해 보기 배를 만들어 경주해 보자 ·················· 81

개미와 베짱이
>> 곤충의 수수께끼

- Q 베짱이는 어떤 곤충일까? ··················· 90
- Q 베짱이보다 노래를 더 잘하는 곤충이 있을까? ··················· 92
- Q 개미가 사는 집은 어떤 모습일까? ··················· 94

견우와 직녀
>> 우주의 수수께끼

- Q 견우와 직녀 이야기의 배경이 되는 별은 어떤 별일까? ··················· 103
- Q 베가와 알타이르는 어디에 있을까? ··················· 104
- Q 칠석은 왜 7월 7일인 걸까? ··················· 107
- Q 겨울에는 여름의 대삼각형을 볼 수 없을까? ··················· 108
- 나도 과학자★실험해 보기 투명 우산으로 별자리판 만들기 ··················· 110

헨젤과 그레텔
>> 과자의 수수께끼

- Q 사탕이나 쿠키는 왜 딱딱한 걸까? ··················· 119
- Q 초콜릿이 잘 녹는 이유는 뭘까? ··················· 120
- 나도 과학자★실험해 보기 초콜릿을 녹여서 다른 모양으로 만들자 ··················· 121
- Q 실제로 과자 집을 만들 수 있을까? ··················· 123

 **가구야 공주**
>> 달의 수수께끼

Q 빛나는 대나무가 정말 있을까? ········· 132
Q 대나무는 자라는 데 얼마나 걸릴까? ········· 134
Q 달의 모양이 변하는 이유는 뭘까? ········· 136
Q 달에서 사람이 살 수 있을까? ········· 138

 **커다란 순무**
>> 무게의 수수께끼

Q 순무는 어떤 채소일까? ········· 147
Q 저마다 어느 정도의 힘으로 순무를 잡아당겼을까? ········· 148
Q '커다란 순무'는 얼마나 무거웠을까? ········· 150
`나도 과학자★실험해 보기` 힘의 균형을 잡아 보자 ········· 152

 **해와 바람**
>> 날씨의 수수께끼

Q 양지와 음지는 어떻게 다를까? ········· 159
Q 바람은 왜 부는 걸까? ········· 161
Q 북풍은 왜 차가운 걸까? ········· 162
`나도 과학자★실험해 보기` 사보니우스형 풍차를 만들어 보자 ········· 164

 ## 은혜 갚은 두루미
》 새의 수수께끼

- Q 두루미는 어떤 새일까? ···································· 174
- Q 새의 깃털로 천을 만들 수 있을까? ················· 176
- Q '베틀'은 어떤 기계일까? ································· 178
- 나도 과학자★실험해 보기 실로 팔찌를 만들어 보자 180
- Q 새는 어떻게 날 수 있는 걸까? ······················· 182

 ## 토끼와 거북
》 속도의 수수께끼

- Q 토끼와 거북이의 한 걸음은 얼마나 다를까? ··· 189
- Q 토끼와 거북이의 속도는 얼마나 다를까? ······ 190
- Q 장수를 상징하는 거북이는 얼마나 오래 살까? ··· 194

이 책의 사용 방법

【동화 코너】

이야기 속에 등장하는 사람들이나 동물들의 기분이 어땠을지 생각해 보세요.
'이건 뭘까?' '왜 그런 걸까?'와 같은 자신만의 질문을 계속 떠올려 봐도 좋아요.

【과학 코너】

명작 동화 속 수수께끼를 과학적으로 풀어 보는 코너예요.
책에는 나오지 않는 궁금한 점이 있다면 스스로 생각하거나 직접 찾아보세요.
이 책에서 설명한 것과 다른 생각이나 풀이 방법을 발견할 수 있을지도 몰라요.

★ 동화 속 내용에 관한 실험이나
만들기 방법이 나와 있어요.
불이나 물을 사용하는 실험은
위험하니 반드시 어른과 함께
하세요.

【보호자님께】

어린이들은 성장함에 따라 느끼고 이해하는 정도가 각각 다릅니다. 따라서 자녀가 알맞은 방법으로 이 책을 즐길 수 있도록 지도해 주시기 바랍니다. 또한 자녀의 나이에 맞는 독서 방법을 알려 주시고, 책의 내용에 관해 다양한 질문을 해 주세요.

◎ 이제 막 글을 배우기 시작한 아이
[대상 연령: 4~5세]

'보호자님과 함께 즐기는 것'이 중요합니다. 책을 읽어 줄 때 재미있는 표현을 더하거나 등장인물의 목소리와 몸짓을 흉내내면, 즐겁게 책을 읽고 있는 어른의 모습을 보고 아이가 먼저 질문을 하게 될 거예요. 반대로 '여기 나온 ○○은 어떤 사람일까?' '이제 어떤 일이 일어날 것 같아?'와 같이 어른이 먼저 아이에게 질문하면서 읽어 주는 것도 좋은 방법입니다.

◎ 혼자서 책을 읽기 시작한 아이
[대상 연령: 초등학교 1~2학년]

'편안한 분위기의 공간을 만들어 주는 것'이 중요합니다. 아이는 어른이 지켜봐 주는 안정감 있는 공간에서 보다 자유롭게 생각하고, 쉽게 집중하며, 창의적인 사고를 펼칠 수 있습니다. 만약 아이가 질문에 대답을 하지 못할 때는 다른 어른이나 형제자매, 또는 친구들과 함께 알아보게 하는 것도 좋습니다.

◎ 혼자 책을 읽는 것에 익숙한 아이
[대상 연령: 초등학교 3~4학년]

'과학 놀이의 즐거움과 신비로움을 알 수 있게 해 주는 것'이 중요합니다. 아이는 동화 속 이야기와 관련 있는 과학적인 내용이 담긴 Q&A 코너를 읽고, 스스로 해 보는 실험을 통해 직접 경험을 맛볼 것입니다. 이는 책을 읽으며 느끼는 간접 경험을 보다 높은 학습 성과로 이어 주는 매개체 역할을 하지요. 어른들은 실험 관련 안전에만 신경 써 주셔도 괜찮습니다. 모든 과정은 아이가 스스로 만들고 새로운 과학 실험에 도전하는 계기가 될 것입니다.

브레멘 음악대

브레멘 마을을 향해 가는 동물 친구들은
어떻게 악기를 연주하는 걸까요?
악기는 어떻게 소리를 내는 걸까요?
소리에 관한 수수께끼를 풀고
기타와 북을 직접 만들어 봐요!

| 명작 동화를 과학으로 풀어 보자! |  소리의 수수께끼 》 18쪽 |

어느 마을에 늙어서 일을 할 수 없게 된 당나귀가 있었어요.
당나귀는 음악가가 되기로 마음먹고 슬며시 집에서 나왔어요.
"브레멘 마을에 가서 음악대에 들어가야겠어."
브레멘 마을로 가는 길에 당나귀는 일을 못한다고 쫓겨난
개와 고양이 그리고 수탉을 만났어요.
넷은 함께 브레멘 마을로 향했지요.
"나는 기타를 칠 수 있어. 히이힝!"
"나는 작은북을 치면 좋겠어. 멍!"
"난 노래를 잘 불러. 야옹~!"
"노래라면 내가 빠질 수 없지. 꼬끼오~!"

하지만 브레멘 마을에 도착하기도 전에 밤이 되었어요.
동물들은 숲속에서 불빛을 발견했어요.
넷이 살금살금 다가가서 집 안을 들여다보니
도둑들이 맛있는 음식을 먹고 있었어요.
"좋았어. 우리가 저 도둑들을 쫓아내자!"

동물들은 창문 밖에 숨어서
한꺼번에 큰 소리로 합창을 시작했어요.

"으악, 괴물이다!"

잠시 뒤, 깜짝 놀란 도둑들은

뒤도 돌아보지 않고 도망쳐 버렸어요.

"와! 도둑들이 사라졌다!"

당나귀와 개와 고양이와 수탉은 기뻐하며 집 안으로 들어갔어요.

도둑들이 남긴 음식을 배불리 먹고 곧 잠이 들었지요.

모두가 잠든 한밤중.

도망쳤던 도둑 중 한 명이 집 안을 살펴보려고 살금살금 돌아왔어요.

하지만 동물들이 도둑을 발로 차고 할퀴며 혼쭐을 내 주었지요!

"으악, 집 안에 괴물들이 사나 봐!"

화들짝 놀란 도둑은 두 번 다시 얼씬거리지 않았답니다.

그 뒤, 네 친구는 브레멘 마을로 가지 않고
숲속 집에서 날마다 음악회를 열며 즐겁게 살았답니다.

과학으로 풀어 보자!
브레멘 음악대

소리의 수수께끼
이야기 속에서 당나귀가 연주하려던 악기는 어떤 소리가 날까요?

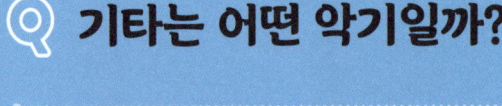

Q 기타는 어떤 악기일까?

A 현을 퉁겨서 소리를 내는 현악기의 한 종류야.

● 현(줄)이 떨리면서 소리가 나요

기타나 바이올린에는 '현'이라고 하는 실처럼 생긴 긴 줄이 있어요. 이 현을 퉁기거나 켜서 소리를 내는 악기를 '현악기'라고 하지요.
대부분의 현악기는 몸통이 텅 비어 있어요. 그 공간(공명통)이 현의 떨림을 울려 퍼지게 해서 큰 소리를 만들어 내지요.

만돌린

바이올린

활

기타나 만돌린은 현을 퉁겨서 소리를 내지만 바이올린은 활로 현을 켜서 소리를 내요.

• 현의 길이로 소리의 높낮이가 결정된다

기타의 현은 끝과 끝이 고정되어 있어요. 현을 손가락으로 퉁기면 고정되어 있던 현이 떨리면서 소리가 나요(①의 길이). 그런데 가운데 부분을 손가락으로 누르고 현을 퉁기면 높은 소리가 나지요(②의 길이). 또 그 절반 정도 되는 위치를 손가락으로 누르고 현을 퉁기면 더 높은 소리가 난답니다(③의 길이).
현을 누르고 퉁겼을 때 높은 소리가 나는 이유는 무엇일까요?
그것은 바로 현의 길이가 짧을수록 현이 떨리는 횟수가 늘어나기 때문이에요.

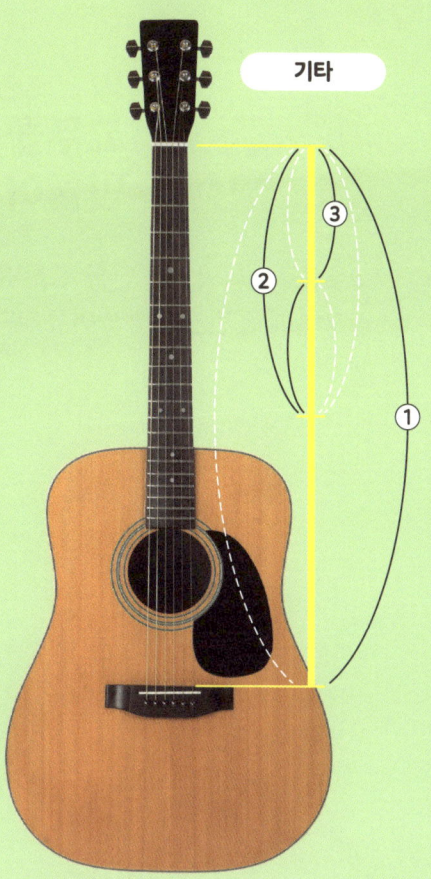

기타

소리의 크기와 높이는 이렇게 정해져요

크기 … 현이 얼마나 크게 떨리는가. 떨림의 폭이 크면 클수록 소리도 커져요.

높이 … 1초 동안 현이 몇 번 떨리는가. 소리는 떨리는 횟수가 많을수록 높아지고, 적을수록 낮아져요.

소리가 크다	소리가 작다
떨림의 폭이 **크다**	떨림의 폭이 **작다**

낮은 소리	떨림의 횟수가 **적다**
높은 소리	떨림의 횟수가 **많다**

 ## 고무줄 기타를 만들어 보자

고무줄로 기타의 현을 만들어 소리를 내 보세요. 상자 속에 텅 빈 공간이 있어 소리가 크게 울린답니다.

브리지 (기러기발)

준비물

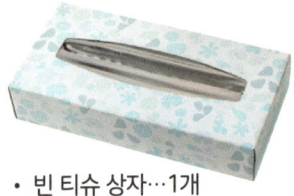

- 빈 티슈 상자…1개

- 고무줄…4개

- 키친타월 심…1개

- 두꺼운 종이 (가로 세로 10cm)…1장
- 가위
- 테이프
- 양면테이프

만드는 방법

1

빈 티슈 상자 입구의 비닐을 떼어 낸 다음 사진처럼 고무줄을 걸어 주세요.

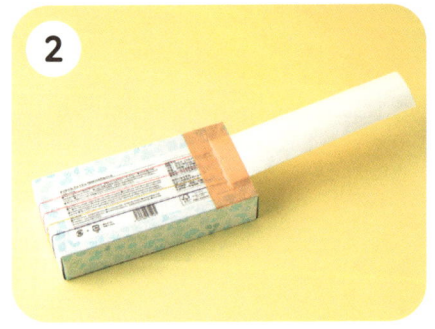

2

키친타월의 심을 눌러 평평하게 만든 다음 양면테이프로 티슈 상자에 붙여 주세요.

브리지의 위치를 바꾸면 소리가 변해요

고무줄을 퉁기면 브리지(삼각형의 두꺼운 종이)를 통해 티슈 상자의 빈 공간이 울리면서 소리가 나요. 브리지를 비스듬하게 넣고 고무줄을 퉁겨 보세요. 고무줄의 길이가 길면 낮은 소리가, 고무줄의 길이가 짧으면 높은 소리가 나는 걸 알 수 있을 거예요.

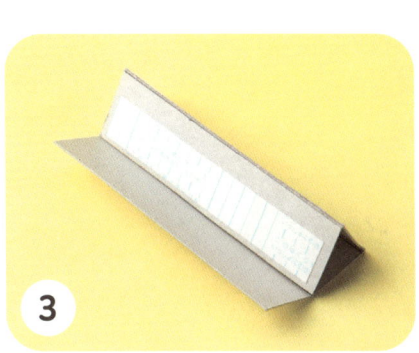

3

두꺼운 종이를 4등분으로 접고, 사진처럼 삼각형으로 만든 다음 양면테이프로 고정해 주세요.

다른 재료로도 만들 수 있어요!

고기나 생선을 담는 스티로폼 용기를 비스듬히 잘라 내고 고무줄을 걸어 보세요.

4

티슈 상자와 고무줄 사이에 ③의 브리지를 끼워 주세요.

고무줄을 퉁기면서 소리의 차이를 비교해 봐.

Q 북은 어떤 악기일까?

A 두드려서 소리를 내는 타악기의 한 종류야.

 막이 떨리면서 소리가 나요

북은 넓은 통에 얇은 막을 씌워서 만들어요.
막을 두드리면 떨리면서 소리가 나지요.
북은 주로 박자를 맞출 때 쓰이는 타악기예요.
드럼이라고 하면 조금 더 익숙하죠?

탬버린이나 젬베와 같은 악기는
손으로 막을 두드리고,
작은북은 봉 모양의 채로
막을 두드려 소리를 내요.

탬버린

젬베

작은북

 아, 막이 떨리면서 둥둥 소리가 나는 거구나.

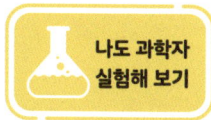 **나도 과학자 실험해 보기**

풍선으로 북을 만들어 보자

막으로 사용할 고무풍선을 빈 용기에 씌워 북을 만들어 봐요.
이렇게 만든 북으로 리듬 놀이를 해 보면 어떨까요?

준비물

- 빈 용기(병이나 푸딩 컵, 상자 등)

- 나무젓가락…1쌍
- 비닐 테이프

- 고무풍선

풍선을 팽팽하게 펼쳐 씌웠을 때와 느슨하게 펼쳐 씌웠을 때 나는 소리는 어떻게 다를까?

만드는 방법

1 고무풍선을 위 사진과 같이 반으로 잘라요.

2 빈 용기 윗부분에 ①의 풍선을 씌우고 테이프로 고정해 줘요.

3 나무젓가락 끝에 비닐 테이프를 감아 채를 만들어요.

소리의 수수께끼

Q 피아노는 어떤 악기일까?

A 해머로 현을 두드려 소리를 내는 악기야.

● 현과 해머로 소리를 내요

사실 피아노도 현을 해머로 두드려 소리를 내는 악기랍니다. 피아노 안에는 '도레미파솔라시도' 순서로 제각각 소리가 나는 현이 들어 있어요.
건반을 누르면 건반과 연결된 해머가 정해진 소리가 나는 현을 두드리는 것이지요.

그랜드 피아노

피아노 안에는 현과 해머가 나란히 있어요.

현
해머

업라이트 피아노 내부

> 같은 '도'가 2개 이상 있는
> 이유는 무엇일까?

● '옥타브'란 무엇일까?

낮은음의 '도'부터 높은음의 '도'까지 '도레미파솔라시도'라는 8개의 음이 있어요. 이 8개의 음을 '1옥타브'라고 하지요. 즉, '높은음의 '도'는 낮은음의 '도'보다 한 옥타브 높다'라고 말할 수 있답니다.

소리는 공기의 떨림으로 만들어져요.
1초 동안 공기가 떨리는 횟수를 '주파수(진동수)'라고 하는데, 소리의 높이는 바로 이 주파수에 의해 결정되지요.
따라서 주파수가 배로 늘어나면 1옥타브 위의 소리가 된답니다.

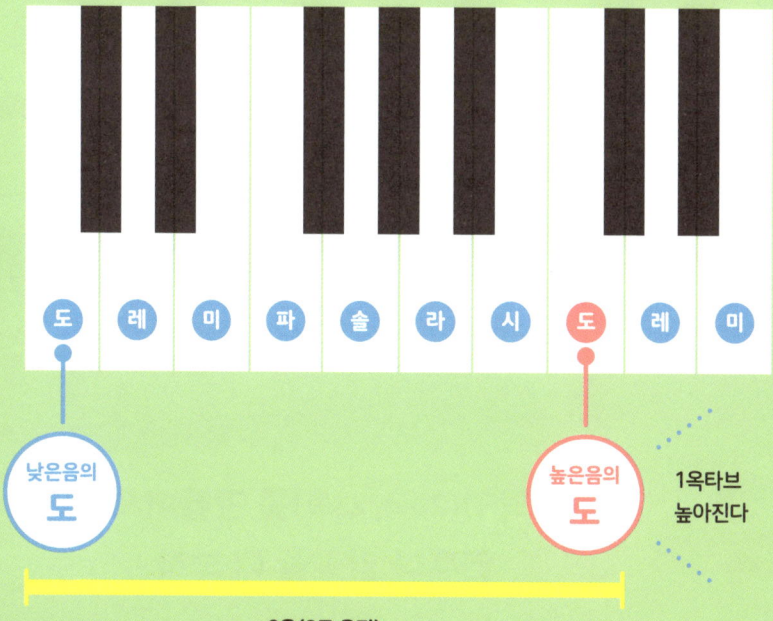

 소리의 수수께끼

Q 합창으로 부르는 노랫소리가 아름답게 들리는 이유는 뭘까?

A 서로 다른 높이의 소리가 어우러지기 때문이야.

고양이와 수탉이 내는 울음소리의 높이가 서로 다른 것처럼 사람들의 목소리도 높이가 제각각 달라요. 또한 남자와 여자의 목소리 높이도 다르지요. 합창할 때 목소리의 높이에 따라 '소프라노, 알토, 테너, 베이스' 4개 파트로 나누어 각자의 음에 맞추어 노래하면 아름다운 하모니를 만들 수 있답니다.

높은 목소리	소프라노
↕	알토
	테너
낮은 목소리	베이스

악기(20쪽, 23쪽)를 만들어서 연주나 합창을 해 보자.

엄지 공주

튤립 꽃봉오리에서 태어난 작고 귀여운 엄지 공주.
그런데 어느 날, 두꺼비가 엄지 공주를
억지로 데려갔어요.
송사리와 풍뎅이 그리고 생쥐, 제비 등
여러 동물과 식물을 만나게 된 엄지 공주!
엄지 공주와 함께 신비한 동식물 나라로
여행을 떠나 보아요!

명작 동화를
과학으로
풀어 보자!  **동식물**의 수수께끼 » **34쪽**

엄지 공주는 튤립 꽃봉오리에서 태어났어요.
엄지손가락만큼 작고 귀여워서 엄지 공주랍니다.
어느 날 밤, 호두 껍데기 침대에서 새근새근 자고 있던
엄지 공주를 두꺼비가 몰래 데려갔어요.

"흑흑……. 여기가 어디지?"

엄지 공주는 무서워 연잎 위에서 울음을 터뜨렸어요. 그 모습을 본 연못 속 물고기들이 연꽃 줄기를 잘라 엄지 공주가 도망치도록 도와주었답니다.

하지만 이번에는 풍뎅이에게 붙잡혀 가 깊은 숲속에 버려졌어요.

"아유, 가엾어라. 추운데 어서 들어오렴."
엄지 공주는 친절한 들쥐네 집에서
살게 되었어요.

어느 날, 엄지 공주는 다쳐서 길에 쓰러져 있는
제비를 보았어요.
"제비야, 내가 도와줄게. 빨리 나으렴."
엄지 공주는 제비를 정성껏 돌봐 주었지요.

"고마워요. 덕분에 이제 아프지 않아요!"
다시 건강해진 제비는 엄지 공주 곁을 떠나
어디로인가 날아갔어요.

어느 날, 들쥐가 엄지 공주에게 말했어요.
"상냥한 엄지 공주야, 부자 두더지와 결혼해서
행복하게 사는 게 어떻겠니?"
들쥐의 말을 들은 엄지 공주는 슬펐어요.
두더지는 햇빛을 싫어해 어두컴컴한 땅속에서
살고 있거든요.
"두더지와 결혼하면 햇빛을 볼 수 없게 될 거야……!"

엄지 공주는 너무나 슬퍼서 울음이 그치지 않았어요.
그런데 바로 그때, 엄지 공주가 돌봐 주었던 제비가
날아와 말했어요.
"어서 제 등에 타세요. 공주님이 행복하게 살 수 있는
꽃의 나라로 데려다줄게요!"

엄지 공주는 제비 등에 올라타 숲을 지나고
바다를 건너 꽃의 나라로 갔어요.

그 뒤, 엄지 공주는 꽃의 나라 왕자와 결혼해
행복하게 살았답니다.

과학으로 풀어 보자!
엄지 공주

동식물의 수수께끼
〈엄지 공주〉 이야기에 나오는 튤립과 두더지는 어떤 생물일까요?

🔍 튤립은 어떤 꽃일까?

Ⓐ 봄에 피는 꽃으로 구근에서 자라.

구근(알뿌리)은 씨앗이랑 다르게 생겼구나.

튤립은 백합과의 꽃으로,
봄에 꽃을 피우는 구근 식물이에요.
구근은 양파와 비슷한 모양으로 생겼어요.
10월 중순에서 12월 말 정도에 구근을 심으면
3월에서 5월 사이에 꽃을 피운답니다.

튤립은 씨앗부터 키우게 되면
꽃을 피우기까지 몇 년이나
기다려야 해요. 그래서 씨앗을
미리 땅속에 심어 구근으로
자랄 때까지 키우지요.
영양을 듬뿍 머금고 자란 구근을
땅에 심으면 다음 해 봄에
예쁜 꽃을 피운답니다.

구근(알뿌리)

Q 두더지는 왜 햇빛을 싫어할까?

A 눈앞이 거의 보이지 않아서 밝은 땅 위는 위험하기 때문이야.

두더지는 구덩이를 파고 땅속에 들어가 지렁이나 벌레를 먹고 살아간답니다. 두더지에게는 눈이 있지만 앞을 거의 볼 수 없기 때문이지요.
땅속에는 두더지의 천적이 없어서 매우 안전하지만, 햇빛이 드는 땅 위에는 두더지를 잡아먹는 천적이 많아요. 따라서 눈앞이 보이지 않는 두더지에게 천적들의 눈에 띄기 쉬운 땅 위는 위험할 수밖에 없답니다.

두더지는 눈은 작지만 발바닥이 넓고 큰 삽 모양이라 땅을 파는 데 아주 유리해요. 두더지의 눈이 작은 이유는 흙이 눈에 들어가지 않게 하기 위해서랍니다.

 두더지는 왜 앞을 볼 수 없을까?

동식물의 수수께끼

● 동물들의 다양한 진화

두더지가 땅속에서 살아가기 위해 눈이 작아지고 앞이 보이지 않게 된 것처럼 생물은 저마다 살아가는 환경에 맞춰 몸의 특징을 바꿔 가요.

말

말은 풀을 먹고 사는 초식 동물이에요. 옛날부터 사람들이 가축으로 많이 길렀지요. 달리는 속도가 빨라 경주에 나가기도 한답니다.

육식 동물로부터 도망치기 위해 1개의 발가락(단지형 발굽)만 남고 퇴화해서 빠르게 달릴 수 있답니다.

비단뱀

뱀

파충류에 속하는 뱀은 도마뱀과 비슷한 동물이에요. 지구상에 약 2,700종류의 뱀이 살고 있지요. 몸이 무척 가늘고 길며 다리는 달려 있지 않아요. 추운 겨울이 오면 겨울잠을 잔답니다.

아주 오랜 옛날, 뱀의 조상은 다리가 달려 있었지만 땅속의 좁은 장소에 들어가기 쉽도록 다리가 없는 몸으로 진화했어요.

하늘을 날기 위해 필요했던 날개는 헤엄치기 좋은 모양으로 진화했어요. 덕분에 펭귄은 바닷속을 헤엄치며 먹이를 마음껏 구할 수 있게 되었지요.

펭귄

펭귄은 많은 시간을 바닷속에서 보내요. 대부분의 펭귄은 남극 근처에서 살고 있지만 남아메리카 칠레처럼 따뜻한 지역에 사는 펭귄도 있답니다.

임금펭귄

Q 제비는 어디에서 와서 어디로 가는 걸까?

대한민국

일본

A 한국과 일본 남쪽 나라를 오고 가.

필리핀

말레이시아

인도네시아

한국과 일본에서 볼 수 있는 제비는 겨울이 되면 필리핀이나 말레이시아, 인도네시아 등 따뜻한 동남아시아로 날아가요. 날씨가 추워지면 제비의 먹이인 곤충의 수가 적어지기 때문에 곤충이 많은 따뜻한 나라로 이동하는 것이지요. 그러다 다시 봄이 되면 먹이 때문에 경쟁하는 동물들이 적고 새끼를 기르기 쉬운 나라로 돌아온답니다.

동식물의 수수께끼

● 날면서 잠을 잔다고?!

한국과 일본, 동남아시아 사이의 거리는
약 수천 킬로미터나 될 정도로 멀어요.
철새인 제비는 짧게는 며칠에서 길게는 100일 동안
쉬지 않고 날아간답니다.
그렇다면 날아가는 중에 잠은 어떻게 할까요?
제비는 날아가는 동안 반은 자면서 이동해요.
한쪽 눈을 감은 채 뇌의 반쪽만 잠들 수 있어 가능한 것이랍니다.

> 바다 위를 오랫동안 날다 보면 쉴 틈도 없겠네….

직접 해 보자!

● 주변에서 제비 둥지를 찾아보자

제비는 사람이 사는 집이나 상가 같은 건물에 밥그릇 모양의
둥지를 지어요. 사람이 살지 않는 장소는 적의 공격을 받기 쉬우므로
꼭 사람이 살고 있는 장소를 골라 둥지를 틀어요.
또한 제비는 진흙이나 지푸라기를
사용해 둥지를 짓는데, 지난해에 만든
둥지나 부서진 둥지를 고쳐서
그해에 지낼 새로운 둥지를 짓는답니다.

어미의 먹이를 기다리는
둥지 안의 새끼 제비들

잭과 콩나무

어느 날, 우연히 잭의 손에 들어온 마법의 콩!
이 콩은 과연 어떤 콩일까요?
얼마나 자라야 구름에 닿을 수 있을까요?
두근두근 설렘 가득한 이야기를 따라가며
알쏭달쏭 수수께끼를 과학으로 풀어 봐요!

명작 동화를
과학으로
풀어 보자!  **구름**의 수수께끼 » **46쪽**

어느 날, 잭이 엄마 심부름으로
소를 팔러 가는 중이었어요.
잭은 길에서 이상한 할아버지를 만났어요.
"얘야, 그 소를 이 콩하고 바꾸지 않을래?
이 콩은 하룻밤 사이에 하늘 높이 자란단다."
"우아, 그게 정말이에요?"
할아버지의 말에 잭은 소를 요술 콩과 바꾸었지요.

"겨우 콩 한 알하고 소를 바꾸었단 말이야?"
화가 난 엄마는 집에 돌아온 잭을 크게 꾸짖고는
콩을 창밖으로 던져 버렸어요.

다음 날 아침이었어요.

요술 콩이 커다란 콩나무로 자라 있었어요.

"우아! 하룻밤 사이에 구름에 닿을 만큼 자랐네?"

깜짝 놀란 잭은 콩나무를 타고 높이높이 올라갔어요.

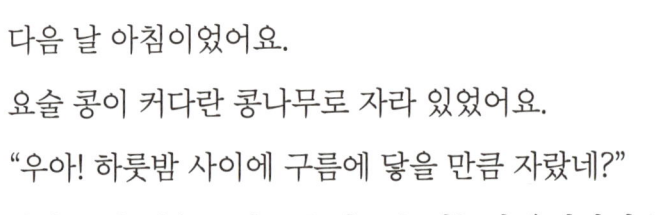

구름 위에는 무시무시한
거인이 사는 커다란 집이 있었어요.
잭은 거인이 잠든 사이에
황금알을 낳는 신기한 암탉과
노래하는 하프를 몰래 들고 도망쳤어요.

♪ 주인님, 구해 주세요! ♪
하프의 노랫소리를 듣고 잠에서 깬
거인이 무섭게 뒤쫓아왔어요.
잭은 재빨리 콩나무를 타고
땅으로 내려왔지요.

잭은 재빨리 도끼로 콩나무를 힘껏 찍었어요.

쿵쿵!

우지끈!

콩나무를 타고 내려오던 거인은 땅에 떨어져 죽고 말았어요.

부자가 된 잭은 엄마와 함께 행복하게 살았답니다.

과학으로 풀어 보자!
잭과 콩나무

구름의 수수께끼
콩나무는 구름에 닿을 만큼 아주 높이 자랐어요.
어디까지 자라면 구름에 닿을 수 있을까요?

Q 잭이 바꿔 들고 온 '콩'은 어떤 콩일까?

A 아주 커다란 작두콩일지도 몰라.

콩에도 여러 종류가 있구나.

어른의 손보다 큰
작두콩 꼬투리

<잭과 콩나무> 이야기 속에 나오는
마법의 콩은 작두콩이에요.
작두콩은 아주 큰 콩이랍니다.
작두날처럼 생긴 꼬투리가
50cm 정도까지 자라기도 해요.
덩굴이 뻗어 크게 자라는 것이지요.

실제로 '잭과 콩나무'라는
이름을 가진 식물도 있어요.
오스트레일리아 빈즈,
블랙빈이라고 불리기도 해요.
다 자라면 길이가 40cm 정도
된답니다.

그 외에 어떤 콩들이 있을까?

팥
팥소를 만들 때 사용하는 작고 빨간 콩. 신석기 시대 유적에서도 발견되었어요.

완두콩
전 세계에서 가장 오랫동안 재배되고 있다고 해요. 콩이 열리기 전에 깍지를 수확하면 꼬투리째 먹는 청대 완두가 되고, 다 자라서 수확하면 청완두가 돼요.

대두
두부, 간장, 된장 등 다양한 음식의 재료로 사용돼요.

풋콩
초록색 콩이에요. 주로 삶아서 먹는 경우가 많지요. 콩깍지가 마를 때까지 기다리면 대두가 된답니다.

병아리콩
병아리 얼굴처럼 생긴 콩이에요. 수확한 다음 잘 말려야 좋은 병아리콩을 얻을 수 있어요.

콩으로 만드는 요리

콩은 색깔과 모양 그리고 크기가 저마다 달라요. 다양한 종류의 콩으로 여러 가지 요리를 만들 수 있답니다.

팥밥

인도의 렌틸콩 카레

구름의 수수께끼

덩굴은 어떻게 자라는 걸까?

덩굴은 위로 뻗으면서 자라는 종류와 땅바닥을 기어가듯 자라는 종류가 있어요. 햇볕을 많이 받으면 기둥이나 줄을 타고 위로 쭉쭉 자라는 식물은 '그린 커튼'으로도 많이 기른답니다.

여주

조롱박

수세미외

직접 해 보자!

- **내 키보다 훨씬 큰 그린 커튼을 만들어 보자**

수세미외나 조롱박, 오이를 심어 봐요. 덩굴이 감길 수 있는 망이나 지주를 세운 곳에 심으면 지주를 타고 쭉쭉 자랄 거예요. 이렇게 자란 식물은 여름에 햇빛을 가려 주는 커튼으로 이용할 수 있어요. 그린 커튼을 만들면 에어컨이나 선풍기 같은 기계에 사용되는 전기 에너지를 절약해 환경을 보호할 수 있답니다.

덩굴의 끝부분은 이런 모양이에요!

• 그린 커튼: 건물 창가에 덩굴 식물을 심어 녹색 잎으로 여름철 햇볕을 막는 기법.

🔍 구름 위에 올라가 보고 싶어!

Ⓐ 구름 위로 올라가기는 힘들지만 구름 속을 지나갈 수는 있어.

구름 속은 하얀색일까?

낮은 하늘에서 생기는 구름은
'안개'라고 불러요.
깊은 산속(기슭과 꼭대기의 중간)에 가면
안개를 만날 수 있을지도 몰라요.
또 멀리서 산을 바라보면 중턱에
구름이 걸려 있는 것을 볼 수 있답니다.

눈앞이 흐려서
잘 안 보여.

구름이다!

 **구름의 수수께끼**

 이야기 속에 나온 '콩나무'는 얼마나 높이 자랐던 걸까?

A 콩나무가 닿은 구름이 뭉게구름이면 높이가 2,000m 정도였을 거야.

● 하늘 위에 떠 있는 것 같은 운해

'운해'는 산꼭대기나 하늘을 나는 비행기 등 높은 곳에서 내려다보았을 때 바다처럼 펼쳐져 있는 구름을 말해요. 잭이 콩나무를 타고 올라간 구름은 어쩌면 운해일지도 몰라요. 높은 산꼭대기에서도 자주 볼 수 있어요.

도쿄 스카이트리
634m

지구에서 가장 키가 큰
거삼나무
115m

교토 도지(동사)
오중탑(5층탑)
55m

사람(어른)
175cm

● **구름은 아주 높은 곳에 생겨요**

구름에 닿은 '콩나무'는 얼마나 높이 자란 걸까요?
하늘에 떠 있는 구름의 높이는 그 종류에 따라
제각각 다르답니다.
다양한 구름들이 떠 있는 높이를 비교해 볼까요?
각각의 높이를 한눈에 비교해 볼 수 있을 거예요.

쌘비구름의 꼭대기
1만 3,000m

비구름
2,000~7,000m

일본 후지산
3,776m

지구에서 가장 높은 산
에베레스트산
8,849m

뭉게구름
지상~2,000m

구름의 수수께끼

• 구름의 종류가 이렇게 많다니!

세계 기상 기구(WMO)는 구름의 종류를 10가지로 나누고 있어요. 재미있게도 이름에 들어간 글자를 보면 그 구름의 특징을 알 수 있답니다. '권'은 하늘의 높은 곳에, '고'는 지상 5,000m 높이에 위치한 구름의 이름에 들어가는 말이며, '층'은 펼쳐진 형태를 나타내는 말이에요. 그리고 '적'은 몽글몽글하고 복슬복슬한 형태를 나타내는 말이지요. 마지막으로 '란'은 비를 내릴 수 있는 구름의 이름에 붙는답니다.

털구름
붓으로 털어 낸 듯한 모양의 구름이에요. '권운'이라고도 불러요.

[구름이 생기는 높이]
5,000~1만 3,000m

쌘비구름
하늘을 향해 몽글몽글 솟아 있는 하얀 구름이에요. '적란운' 또는 '쌘비구름'이라고도 불러요. 폭우를 내리게 하거나 번개를 치게 해요.

[구름이 생기는 높이]
지상~1만 3,000m

회색 차일 구름
하늘 전체에 펼쳐진 회색빛 구름이에요. 하늘을 회색으로 보이게 만들어요. '고층운'이라고도 불러요.

[구름이 생기는 높이]
2,000~7,000m

두루마리구름
흰색 또는 잿빛의 커다란 구름 덩어리를 층층이 잔뜩 늘어놓은 것처럼 보이는 구름이에요. '층적운'이라고도 불러요.

[구름이 생기는 높이]
지상~2,000m

비늘구름

생선 비늘처럼 생긴 구름이에요.
'권적운'이라고도 불러요.
가을에 자주 볼 수 있답니다.

[구름이 생기는 높이]
5,000~1만 3,000m

양떼구름

털이 복슬복슬한 양 떼처럼
생긴 구름이에요.
'고적운'이라고도 불러요.

[구름이 생기는 높이]
2,000~7,000m

털층구름

하늘 전체에 얇게 펼쳐져 있어요.
구름 뒤로 태양이나 달이 떠 있는
것이 보이고, 그 주변에 둥근 모양의
빛줄기가 생기기도 해요.
'권층운'이라고도 불러요.

[구름이 생기는 높이]
5,000~1만 3,000m

비층구름

두께가 두꺼운 구름이에요.
대낮에도 주변을 흐릿하고
어둡게 만든답니다.
비와 눈을 내리게 하며,
'난층운'이라고도 불러요.

[구름이 생기는 높이]
2,000~7,000m

뭉게구름

맑은 하늘에 떠 있는 솜처럼 생긴 구름이에요.
햇볕으로 지면이 따뜻해져서 상승 기류(위로
올라가는 공기의 흐름)가 발생하면 생긴답니다.
'적운'이라고도 불러요.

[구름이 생기는 높이]
지상~2,000m

안개구름

안개처럼 생긴 구름이에요.
지면과 가까운 곳에 생기면 안개가 되지요.
'층운'이라고도 불러요.

[구름이 생기는 높이]
지상~2,000m

Q '황금알'의 크기는 어느 정도일까?

A 보통 달걀과 같은 크기라면 5~6cm 정도일 거야.

알의 크기는 알을 낳는 새의 종류에 따라 제각각 다르답니다.
우리 주변에서 쉽게 볼 수 있는 달걀은 위아래 길이가 5~6cm 정도예요.

달걀

달걀의 절반 정도 길이
메추리알

달걀의 3배 정도 길이
타조알

● 황금알의 가격은 얼마일까?

이야기 속의 암탉이 낳은 황금알의 무게가 60g이라고 해 볼게요.
황금의 가격은 날마다 달라지지만 만약 1g에 10만 원이라고 생각해 본다면, 60g×10만 원 = 600만 원.
달걀 1개 가격이 600만 원이라니, 놀랍네요!

타조의 알
길이 약 16cm
무게 약 1.6kg

닭의 알(달걀)
중간 크기의 달걀
길이 5~6cm
무게 58~64g

메추리알
길이 약 3cm
무게 9~11g

아기 돼지 삼 형제

아기 돼지 삼 형제는 지푸라기와 나무
그리고 벽돌로 서로 다른 집을 지었어요.
그럼 우리가 살고 있는 집은 무엇으로 지었을까요?
튼튼한 집을 지으려면 어떻게 해야 할까요?
건물의 수수께끼를 함께 풀어 봐요!

| 명작 동화를 과학으로 풀어 보자! |  건물의 수수께끼 | » 61쪽 |

아기 돼지 삼 형제는 자기가 살 집을 짓기로 했어요.
첫째 돼지는 가벼운 지푸라기로 짓고,
둘째 돼지는 만들기 쉬운 나무로 지었지요.

한편, 셋째 돼지는 단단한 벽돌을
차곡차곡 쌓아서 튼튼한 집을 지었어요.
"휴우, 이제 다 됐다. 벽돌은 무거워서
쌓아 올리는 데 오래 걸리네!"

어느 날, 아기 돼지 삼 형제 앞에 늑대가 나타났어요.
"흐흐, 오동통한 녀석들. 잡아먹어야겠어!"
늑대는 첫째 돼지네 집을 향해 입김을 세게 불었어요.
그러자 지푸라기로 지은 첫째 돼지네 집은
뿔뿔이 흩어져 날아가 버렸어요.
"도와줘!"
첫째 돼지는 둘째 돼지네 집으로 도망쳤어요.
뒤쫓아온 늑대는 둘째 돼지네 집을 향해 입김을 불었어요.
후우우욱~!
그러자 나무로 지은 둘째 돼지네 집도
힘없이 부서져 버렸어요.

첫째 돼지와 둘째 돼지는 재빨리
셋째 돼지네 집으로 도망쳤어요.
뒤쫓아간 늑대는 벽돌 집을 향해 후우! 후우!
입김을 계속 불었어요.
"에이, 이 집은 튼튼해서 날려 버릴 수가 없네.
좋아, 그럼 굴뚝으로 들어가서 잡아먹을 테다!"

셋째 돼지는 재빨리 큰 솥에 물을 담아
굴뚝과 연결된 벽난로에서 물을 끓였어요.

첨벙~~~~~영

굴뚝으로 들어오던 늑대는 물이 펄펄 끓는
솥으로 떨어졌어요.

"앗, 뜨거워!"

늑대는 펄쩍펄쩍 날뛰며 도망쳤지요.

아기 돼지 삼 형제는 벽돌집에서 사이좋게 살았답니다.

과학으로 풀어 보자! 아기 돼지 삼 형제

건물의 수수께끼

첫째와 둘째 돼지네 집은 늑대 입김에 망가졌어요. 튼튼한 집을 지으려면 어떻게 해야 할까요?

Q 지푸라기 집, 나무 집, 벽돌집은 어떤 집일까?

A 어떤 재료로 짓느냐에 따라 특징이 서로 달라!

- ### 집을 지을 때는 여러 가지 재료를 사용해요

사람들은 아주 먼 옛날부터 돌과 나무, 풀, 동물의 털가죽 같은 다양한 재료로 집을 지었어요. 재료마다 좋은 점과 불편한 점이 있어 사람들은 자신이 살고 있는 장소의 날씨에 맞추어 지내기 편한 집을 만들기 위해 오랫동안 고민해 왔답니다.
좀 더 자세하게 살펴볼까요?

지푸라기 집은 빨리 만들 수 있어!

나무 집은 간단하게 만들 수 있지!

벽돌집은 만들기 힘들고 오래 걸려!

건물의 수수께끼

집을 만드는 재료는 모두 대단해

초가집

지푸라기로 지붕을 올린 초가집은 공기가 잘 통하고 여름에는 시원하며 겨울에는 따뜻하다는 특징이 있어요. 지푸라기는 벼나 보리의 말린 줄기인데, 벼와 보리는 1년만 키우면 수확할 수 있기 때문에 옛날에는 구하기 쉬운 지푸라기로 집을 지었답니다.

지붕을 지푸라기로 지은 초가집. 많은 양의 지푸라기가 쓰였어요.

나무 집

나무로 지은 집은 방의 온도나 습도를 오랫동안 유지할 수 있어서 여름에는 시원하고 겨울에는 따뜻하게 지낼 수 있어요. 또한 지푸라기보다 튼튼해서 이층집을 지을 수도 있답니다.

나무는 많은 나라에서 집을 짓는 재료로 쓰였어요.

벽돌집

벽돌은 흙을 네모나게 굳힌 다음 불에 구워서 만들어요. 지푸라기나 나무와 달리 불에 타지 않아 불이 잘 나지 않는 집을 지을 수 있지요. 그리고 지푸라기나 나무보다 집을 오래 유지할 수 있는 특징도 있답니다.

건조한 나라에서는 벽돌을 쉽게 만들 수 있어 집의 재료로 많이 쓰였어요.

> **Q** 아기 돼지 삼 형제가 집을 함께 지었다면 어땠을까?
>
> **A** 각자의 특징을 살려 만든 집을 상상해 보자!

지붕은 **지푸라기**로

벽과 마루는 **나무**로

여름에는 시원하고 겨울에는
따뜻하게 지낼 수 있는
나무를 사용해 마루를 만들고,
불에 강한 단단한 벽돌로 부엌을 만들어요.
그리고 겨울을 따뜻하게 보내기 위해
가벼운 지푸라기를 엮어 지붕을 만들면
틀림없이 튼튼하고 일 년 내내 살기 좋은
집이 완성될 거예요.

부엌은 불에 강한 **벽돌**로

건물의 수수께끼

지진과 태풍이 자주 일어나는 나라는 어떤 재료로 지은 집이 좋을까?

지진이나 태풍이 일어났을 때 쉽게 무너지지 않는 튼튼한 집을 지으려면 어떤 재료를 사용해야 할까요?

지푸라기

◯ 지진

가벼운 지푸라기로 지은 집이 좋겠어요. 혹시 무너지더라도 집더미에 깔릴 걱정은 없을 테니까요.

✕ 태풍

지푸라기 집은 가볍기 때문에 태풍 같은 강한 바람에는 쉽게 날아가 버린답니다.

벽돌

✕ 지진

벽돌집은 겉보기에는 튼튼해 보이지만 강력한 지진의 흔들림에 무너져 버릴지도 몰라요.

◯ 태풍

벽돌집은 태풍이나 바람에 끄떡없을 정도로 튼튼하답니다.

나무

◯ 지진·태풍

나무 집은 지진과 태풍에 적당히 강한 집이에요.

> 지진과 태풍이 많은 나라는 나무 집이 좋겠어!

🔍 높은 탑은 지진이 일어나도 무너지지 않을까?

Ⓐ 먼 옛날에는 '심주'를 이용한 방진 기술을 사용해서 걱정 없어.

저렇게 높은데 무너지지 않는다고?

교토에 있는 도지(동사)의 오중탑이나 나라현 호류지(호류사)의 오중탑 중심에는 '심주'라는 기둥이 세워져 있어서 지진에 땅이 흔들려도 무너지지 않아요. 634m 높이의 도쿄 스카이트리 중심에도 비슷한 기둥이 있어서 큰 지진이 일어나도 쉽게 무너지지 않는답니다.

오중탑(5층탑)

호류지 오중탑은 지어진 지 1,000년도 넘었지만 지진으로 무너진 적은 없어요.

오중탑과 마찬가지로 스카이트리 타워 중심에도 철근 콘크리트로 만든 심주가 설치되어 있어요.

건물의 수수께끼

• 3D 프린터로 집을 만들어요

지금 전 세계 여러 나라에서는 3D 프린터로 집을 만들려는 도전이 이어지고 있어요. 지진 같은 자연재해가 일어났을 때 임시로 사용할 수 있는 집을 많이 만들 수 있다면 피해를 입은 사람들에게 큰 도움이 되겠지요. 앞으로도 연구가 계속되어 기술이 더욱 발전하면 지금보다 더 오랫동안 지낼 수 있는 집을 만들 수 있을 거예요.

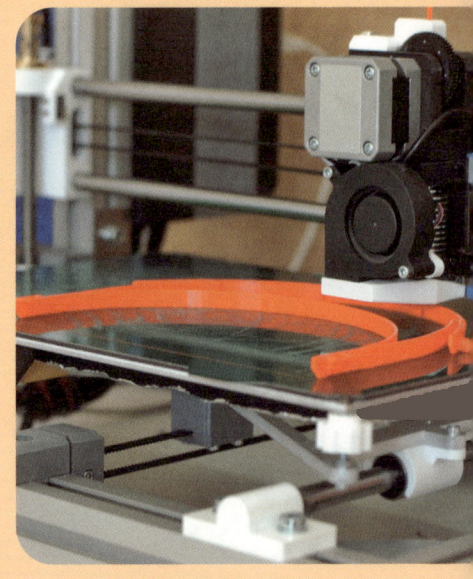

3D 프린터는 데이터를 기반으로 입체적인 모형을 만들어요. 위 사진은 얼굴 보호대의 부품을 만드는 모습이에요.

직접 해 보자!

• 종이로 높은 탑을 만들어 봐요

신문지 1장(도화지나 복사 용지 2~3장도 좋아요)을 사용해 높은 탑을 만들어 봐요. 가위만 있으면 쉽게 만들 수 있어요. 셀로판테이프나 고체 풀을 사용하지 않고 어느 정도 높이의 탑을 만들 수 있을까요? 여러 가지 방법으로 더 높은 탑을 만들어 보세요!

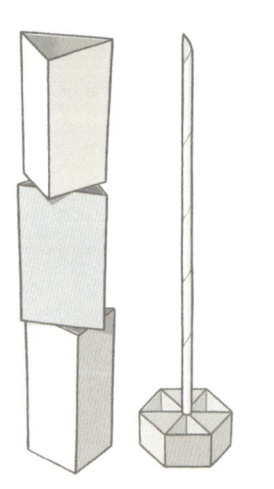

인어 공주

바닷속을 자유롭게 헤엄치던 인어 공주.
어느 날, 왕자님을 보고 첫눈에 반한 인어 공주는
목소리를 잃는 대신 사람이 되는 약을 받았어요.
사람이 되면 물고기처럼 자유롭게 헤엄치지도,
바닷속에서 숨을 쉴 수도 없었지요.
사람과 물고기는 왜 이렇게 다른 걸까요?

| 명작 동화를 과학으로 풀어 보자! |  | 물고기의 수수께끼 » 75쪽 |

깊은 바닷속에서 살던 인어 공주는
열다섯 살 생일날,
처음으로 바다 위로 올라갈 수 있게 되었어요.
"우아, 멋진 왕자님이 있네?"
인어 공주는 큰 배에 타고 있는 왕자를 보자마자
첫눈에 반해 버렸답니다.

그런데 갑자기 거센 폭풍이 몰아쳐
배 위에 있던 왕자가 바다에 빠지고 말았어요.
인어 공주는 재빨리 왕자를 구해
바닷가 모래밭으로 헤엄쳐 갔지요.

그때 저쪽에서 한 여자가 다가왔어요.
놀란 인어 공주는 재빨리 바위 뒤에 숨어 있다가
바닷속으로 돌아갔지요.

"나도 사람이 되면 다시 왕자님을 만날 수 있을 텐데……."
인어 공주는 마녀를 찾아가 목소리를 주고 사람이 되는 약을 받았답니다.

"이 약을 마신 다음 다리가 생기면,
걸을 때마다 다리가 아플 거야.
게다가 끝내 왕자와 결혼하지 못하면
너는 물거품으로 변해 사라질 것이다.
그래도 정말 괜찮겠느냐?"
마녀가 마법의 약을 주면서 말했어요.

"네, 사람이 될 수만 있다면 괜찮아요."
마법의 약을 마시고 사람으로 변한 인어 공주는
아픈 다리를 이끌고 간신히
왕자가 있는 성으로 갔답니다.

왕자는 목소리를 잃은 인어 공주를 반갑게 맞이했어요.
하지만 인어 공주가 자신을 구해 준 것은
알지 못했답니다.

왕자는 바닷가에 나타났던 여자가
자신을 구해 준 것으로 잘못 알고 있었어요.
얼마 뒤, 인어 공주는 왕자가 그 여자와 결혼한다는
소식을 들었어요.

그날 밤, 슬픔에 잠겨 있는 인어 공주 앞에
언니들이 나타나 칼을 건네며 말했어요.
"이 칼로 왕자님을 찌르면,
너는 왕자님과 결혼하지 않아도 물거품이 되지 않고
다시 인어로 돌아올 수 있어!"

인어 공주는 왕자의 방으로 갔어요.
'아, 안 돼! 사랑하는 사람을 찌를 수는 없어.'
잠든 왕자를 보자 가슴이 너무나 아팠어요.
'왕자님, 행복하세요!'

인어 공주는 왕자가 행복하게 살기를 바라며
조용히 바다로 뛰어내렸답니다.

과학으로 풀어 보자! 인어 공주

물고기의 수수께끼
물고기는 어떻게 물속에서 자유롭게 헤엄칠 수 있는 걸까요?

 물고기는 땅 위에서, 사람은 물속에서 숨을 쉬지 못하는 이유는 뭘까?

A 사람은 폐로, 물고기는 아가미로 숨을 쉬기 때문이야.

여러분은 모두 입이나 코로 숨을 쉬지요?
이것을 '호흡'이라고 해요.
살아 있는 모든 생물은 호흡하지 않으면 살 수 없답니다.

땅 위에 사는 사람이나 동물은 '폐(허파)'로 호흡을 해요. 한편, 물속에 사는 물고기는 '아가미'로 호흡한답니다. 다음 페이지에서 폐 호흡과 아가미 호흡에 대해 자세히 알아봐요.

물고기의 수수께끼

• '폐(허파)'로 어떻게 호흡하는 걸까?

산소와 이산화탄소 등으로 이루어진 공기를 사람이 코와 입으로 들이마시면 목이나 기관을 통해 '폐'로 들어가게 돼요. 공기로 가득 찬 폐는 몸에 필요한 산소는 받아들이고, 필요 없는 이산화탄소는 밖으로 내보낸답니다.

폐포(허파 꽈리)

폐포는 폐 속에 있는 포도송이처럼 생긴 작은 주머니예요. 산소와 이산화탄소를 분리해 이동시키는 역할을 해요.

• '아가미'로 어떻게 호흡하는 걸까?

물고기는 입으로 물을 들이마신 다음 아가미를 통해 물 속에 있는 산소는 몸 안으로 받아들이고 이산화탄소는 몸 밖으로 내보내요. 아가미는 물속에 있는 적은 양의 산소를 최대한 많이 들이마실 수 있는 역할을 한답니다.

아가미

물고기 머리 양쪽에 붉은 빗살처럼 여러 갈래로 잘게 나뉘어 있어요. 아가미 표면 가까이 혈관들이 모여 있어 물과 산소, 이산화탄소의 교환이 쉽게 이루어져요.

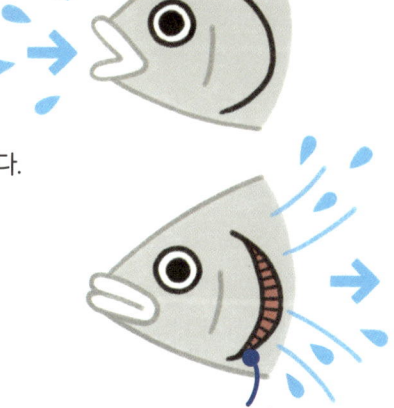

Q 사람은 헤엄칠 때 팔과 다리를 어떻게 움직여야 할까?

A 다리로 물을 차거나 팔로 물을 헤치면 앞으로 나아갈 수 있어.

물에 뜨기만 해서는 앞으로 나아갈 수 없구나.

사람은 물속에서 팔과 다리를 움직이지 않으면 앞으로 나아갈 수 없어요.
팔을 젓거나 돌려 물을 밀고 끌어당기는 동작을 '스트로크'라고 해요.
팔로 물을 열심히 헤치면서 다리를 움직이면, 물속에서도 빠르게 멀리 나아갈 수 있답니다.

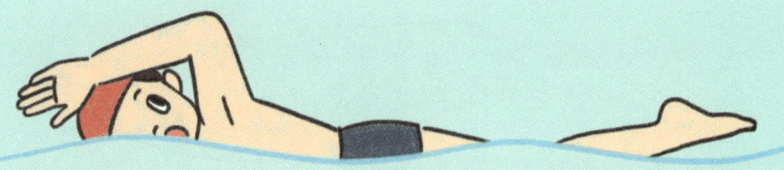

물고기의 수수께끼

- ### 자유형(물장구)에서 팔과 다리는 어떻게 움직일까?

발목의 힘을 빼고 다리를 번갈아 움직이며 물을 차 줘요.
이때 다리는 되도록이면 쭉 뻗어서 움직이면 된답니다.

자유형 ●

[팔의 움직임]
먼 곳에 있는
물건을 잡듯이
팔을 휘둘러 물을 헤친다.

[다리의 움직임]
다리를 쭉 뻗어
물장구를 친다.

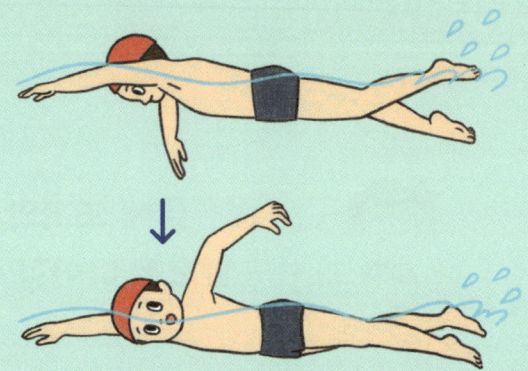

- ### 물속에 사는 생물은 이렇게 헤엄쳐요
  <돌고래가 헤엄치는 방법>

돌고래는 꼬리지느러미를 위아래로 움직여서 헤엄쳐요.
이런 움직임은 여러 가지 영법 가운데 하나인 접영,
즉 버터플라이 수영법에서 두 다리를 움직이는 모습과 닮았답니다.
이런 움직임을 '돌핀킥'이라고 해요.

• 평영에서 팔과 다리는 어떻게 움직일까?

먼저 발목을 구부리고 다리를 뒤로 가게 해요.
그리고 무릎을 구부려 뒤꿈치를 엉덩이 쪽으로 당긴 다음
용수철처럼 발을 뒤로 힘껏 차면 앞으로 나아갈 수 있어요.

평영

[팔의 움직임]
손바닥으로 물을 가르며 양팔로 원을 그리듯이 움직인다.

[다리의 움직임]
❶ 무릎을 구부린다.

❷ 팔과 다리를 쭉 뻗는다.

• 물속에 사는 생물은 이렇게 헤엄쳐요
<개구리가 헤엄치는 방법>

개구리는 뒷다리를 용수철처럼 사용해 헤엄쳐요.
이렇게 다리를 뻗을 때 생기는 힘으로 나아간답니다.

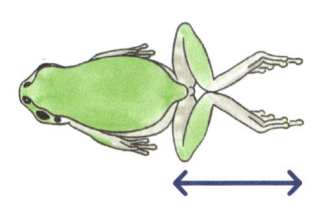

물고기의 수수께끼

Q 물고기는 어떻게 빨리 헤엄칠 수 있는 걸까?

A 물의 '저항'을 적게 받기 때문이야.

물은 앞으로 나아가려고 하면 반대 방향으로 밀어내려는 특징이 있어요. 이것을 '저항'이라고 해요. 잉어나 참치처럼 빠르게 헤엄치는 물고기들은 물의 저항을 적게 받기 위해 사용하지 않는 지느러미를 몸에 딱 붙여 몸 밖으로 튀어나가지 않게 한 다음 꼬리지느러미를 움직여 헤엄쳐요.

지느러미를 몸에 딱 붙여요.

꼬리지느러미를 움직여 빠르게 헤엄쳐요.

사람의 손과 물고기의 지느러미를 모두 가진 인어는 엄청 빠르게 헤엄치겠지?

배를 만들어 경주해 보자

끝이 뾰족한 배와 평평한 배를 만들어 경주해 봐요. 어느 쪽이 더 빠를까요?

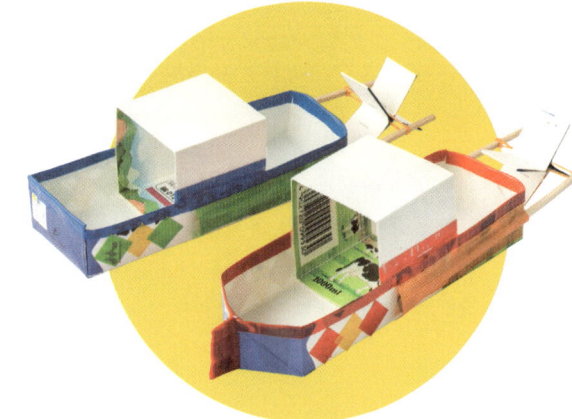

준비물

- 우유 팩(1L)…2개

- 고무줄…2개
- 나무젓가락…2개
- 가위
- 스테이플러
- 테이프
  ※물에 젖어도 떨어지지 않는 비닐 테이프가 좋아요.

만드는 방법

1

우유 팩 1개를 입이 닿는 부분을 기준으로 위와 같이 반으로 잘라요.

2

①에서 자른 우유 팩 중 하나는 끝부분을 평평하게 접고, 나머지 하나는 뾰족하게 세워 스테이플러로 고정시켜요.

 **물고기의 수수께끼**

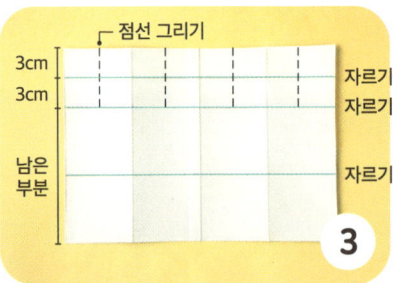

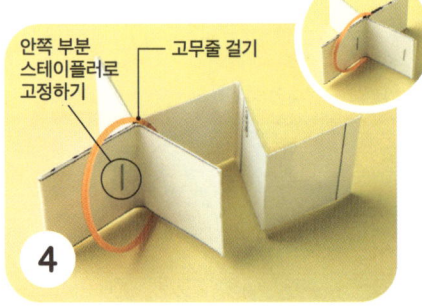

남은 우유 팩을 펼치고, 입구 부분과 바닥 부분을 그림처럼 잘라 내 3cm 폭의 띠 2개를 만들고, 점선을 그려요.
남은 부분은 다시 반으로 잘라요.

점선을 따라 3cm 폭의 띠를 접고, 안쪽에 고무줄을 걸어 줘요. 스테이플러로 마무리하면 프로펠러(추진기)가 완성돼요.

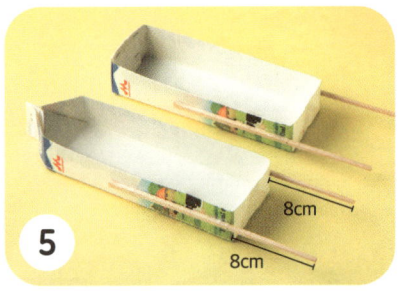

②에서 만든 우유 팩 양쪽에 반으로 쪼갠 나무젓가락을 바깥쪽으로 8cm 정도 튀어나오게 테이프로 붙여서 고정해요.

③에서 남은 2장을 위와 같이 네모꼴로 접어 테이프로 배 몸체에 붙여요.
나무젓가락 끝부분에 고무줄을 감아 ④에서 만든 프로펠러를 달면 완성이에요.

 **두 배는 왜 속도가 다른 걸까?**

배의 앞부분이 뾰족하면 물의 저항을 적게 받기 때문에 빠르게 나아갈 수 있어요.
반대로 배의 앞부분이 평평하면 물의 저항을 크게 받으므로 빠른 속도를 낼 수 없지요.

프로펠러를 감은 다음 물에 띄우면 잘 나아갈 거야.

개미와 베짱이

여러분은 개미와 베짱이를 직접 본 적이 있나요?
개미는 모아 둔 먹이를 어디로 옮기는 걸까요?
베짱이는 어떤 울음소리를 낼까요?
신기한 곤충의 수수께끼에 대해 함께 살펴봐요.

| 명작 동화를 과학으로 풀어 보자! |  | 곤충의 수수께끼 » 90쪽 |

뜨거운 햇볕이 쨍쨍 내리쬐는 여름.
개미들이 땀을 흘리며 열심히
먹이를 나르고 있었어요.

"개미들아, 날씨가 더운데도 너희는 일만 하는구나?"
풀숲에서 노래를 부르며 놀고 있던 베짱이가
열심히 일하는 개미들을 보며 웃었어요.

"지금 먹이를 많이 모아 둬야 해요.
그러지 않으면 추운 겨울에 먹을 게
모자라니까요."
개미들이 대답했어요.
"아니, 그걸 왜 벌써부터 걱정하니?"
베짱이가 알 수 없다는 듯이 말했어요.

여름이 지나고 가을이 되었지만
베짱이는 계속 놀기만 했어요.

시간이 흘러 어느덧 추운 겨울이 되었어요.
들판의 풀은 마르고, 차가운 바람이 불었지요.
"으으, 날씨도 춥고 배도 너무 고파.
뭐 먹을 게 없을까? ……아, 그래!"
베짱이는 오들오들 떨면서 중얼거렸어요.

베짱이는 개미네 집으로 가서 부탁했어요.
"먹이를 조금만 나눠 줄 수 없을까?
너희는 여름에 많이 모아 두었잖아."

베짱이의 말에 개미는 어이가 없었어요.
"그러니까 베짱이님도 저희처럼 열심히 일을 했어야죠. 그랬으면 지금처럼 먹이가 없어서 배고프지는 않을 거예요."
하늘에서는 눈이 펄펄 내려
베짱이의 몸 위로 소복이 쌓여만 갔답니다.

과학으로 풀어 보자!

개미와 베짱이

곤충의 수수께끼
개미와 베짱이는 어떤 곤충일까요?
소리 내어 우는 곤충에는 어떤 것들이 있을까요?

 베짱이는 어떤 곤충일까?

 여름부터 가을까지 볼 수 있는 곤충이야.

● 메뚜기하고 닮았네?

베짱이는 여름부터 가을까지 볼 수 있는 곤충으로,
주로 강가나 논 그리고 풀숲에서 살아요.
베짱이와 메뚜기는 수염(더듬이)의 길이로 간단하게 구분할 수 있어요.
몸길이보다 수염이 더 길면 베짱이, 짧으면 메뚜기인 경우가 많답니다.

풀무치(메뚜기의 일종)
몸길이 약 4.5~6.5cm

서로 닮았지만
다른 곤충이야!

베짱이
몸길이 약 3~4cm

치직 칙칙!

● 날개와 날개를 비벼서 울어요

베짱이나 귀뚜라미 같은 곤충들은
앞날개를 붙인 채 비벼서 울음소리를 내고,
메뚜기 같은 곤충들은 앞날개와 뒷다리를
붙이고 비벼서 울음소리를 내요.
베짱이의 울음소리는 '치직 칙칙' 하는
소리처럼 들린답니다.

날개와 날개를 붙인 채 비비는 베짱이

● 곤충들이 울음소리를 내는 이유

사실 곤충의 암컷은 울지 않아요.
울음소리를 내는 것은 수컷이지요.
수컷이 울음소리를 내는 이유는
수컷끼리 싸울 때나 암컷을 유혹하기 위해,
또는 자신의 영역을 표시하기 위해서랍니다.

자신의 영역을 알리는 베짱이

암컷을 유혹하고 있는 베짱이

 곤충의 수수께끼

Q 베짱이보다 노래를 더 잘하는 곤충이 있을까?

A 응, 아주 많아!

 곤충의 울음소리는 정말 듣기 좋아.

- 가을에 들려오는 곤충들의 울음소리를 들어 봐요

여름철 낮에는 여치의 울음소리를 자주 들을 수 있어요. 그러다 가을이 되면 방울벌레나 청귀뚜라미, 귀뚜라미, 베짱이 같은 곤충들이 울음소리를 낸답니다. 이처럼 곤충들이 울음소리를 내는 이유는 가을에 짝짓기해서 겨울에 알을 낳아야 하기 때문이에요.

🎵 곤충의 소리

어, 청귀뚜라미가 울고 있네
찌륵찌륵찌륵 찌르륵 찌륵 찌르륵
어, 방울벌레가 울고 있어
위잉위잉위잉 위잉 위이잉 윙
가을밤에 울려 퍼지네
아, 재미있는 곤충의 소리

귀뚤귀뚤귀뚤 귀뚤 귀뚜라미와
철썩철썩 처얼썩 처얼썩 철써기
그리고 베짱이가 나타나
칙칙칙 치직 치지직
가을밤에 울려 퍼지네
아, 재미있는 곤충의 소리

청귀뚜라미

방울벌레

귀뚜라미

철써기

베짱이

곤충의 수수께끼

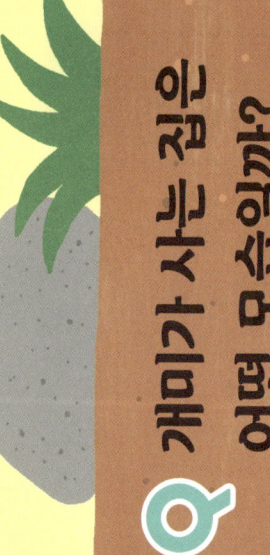

Q 개미가 사는 집은 어떤 모습일까?

A 쨩구개미의 둥지 안을 살펴보자!

• 여러 개의 방이 있어요

개미는 여러 종류가 있고, 개미둥지(개미집)의 생김새도 저마다 달라요. 먹이를 전부 모아 두는 쨩구개미의 둥지를 살펴볼까요?
땅 표면에 둥지 안으로 들어가는 입구가 있는데, 입구를 통해 들어가 보면 땅속 깊은 곳에 나뭇가지처럼 여러 방향으로 갈라진 곳마다 방을 만들어 놓았어요.

개미는 먹이를 둥지에 모아 두지 않는다?!

대부분의 개미는 먹이를 모아 두지만 사실 모은 자리에서 먹어 버려요. 개미는 이렇게 섭취한 영양분을 둥지에 살고 있는 다른 개미에게 나누어 주지요. 그래서 개미둥지에서는 모아 둔 먹이를 거의 찾아볼 수 없답니다.

애벌레의 방

여왕개미가 알을 낳으면 다른 일개미가 이 알들을 보살펴요. 개미둥지에는 애벌레와 아기개미들의 방이 여러 개 있답니다.

먹이가 있는 방

장구개미의 둥지에는 땅 위에서 찾은 먹이를 모아 두는 방이 있어요. 대부분의 개미는 다른 곤충을 먹으며 살지만 장구개미는 식물의 씨앗을 먹기 때문에 개미둥지에 모아 둔답니다.

여왕개미의 방

여왕개미는 자신의 방에서 혼자 많은 수백 개의 알을 낳아요. 즉, 1년에 수만 마리의 일개미들이 태어나지요.

곤충의 수수께끼

• 개미둥지가 궁금해요

개미둥지 안이 보고 싶다면, 개미 사육장 세트를 이용하거나 직접 만들어 봐요. 투명한 상자에 흙, 먹이와 함께 개미들을 넣어 두면 알아서 개미둥지를 짓는답니다.

투명한 상자를 사용해서 만들 수도 있어요. 두꺼운 종이 상자를 안에 넣어 어두운 땅속처럼 해 주면 개미둥지가 만들어질 거예요.

개미둥지가 만들어지는 모습을 볼 수 있는 개미 사육장 세트

자료 제공 (주)은조산업

생각해 보자!

여러분은 개미 같은 성격인가요, 베짱이 같은 성격인가요?

언제나 끈기 있게 노력하고 무엇이든 열심히 하는 사람을 '개미 같다' 하고, 반대로 해야 할 일을 미루거나 게으름 피우는 사람을 '베짱이 같다'고 해요. 여러분은 둘 중 어떤 성격인가요?

견우와 직녀

1년에 한 번, 칠석날에만 만날 수 있는 견우와 직녀.
견우와 직녀는 어디에 있는 걸까요?
왜 서로 만날 수 없게 된 걸까요?
밤하늘에서 반짝이는 별들의 수수께끼를 풀어 봐요!

| 명작 동화를 과학으로 풀어 보자! |  우주의 수수께끼 | » 103쪽 |

지금부터 시작할 이야기는
하늘나라에 살던 두 남녀에 관한 이야기예요.
직녀는 옷감을 짜는 성실한 소녀였어요.
견우는 열심히 소를 돌보거나 밭을 일구며
살아가는 청년이었지요.
견우와 직녀는 결혼하여 부부가 되었어요.
그런데 결혼하고 나서부터 일하는 것도 잊은 채
노는 데만 열심이었어요.

"이런, 큰일이네! 사람들이 입고 있는 옷은
너덜너덜해지고 소는 굶고 있는 데다,
밭도 엉망진창이잖아!"

마침내 화가 난 하늘나라 왕은
은하수를 사이에 두고, 견우와 직녀를
멀리 떨어뜨려 놓았지요.

아주 멀리 떨어져 지내게 된 견우와 직녀는
너무나 외롭고 슬퍼서 일을 할 수가 없었어요.
그 모습을 보고 다시 고민에 빠진 하늘나라 왕은
견우와 직녀에게 다음과 같은 약속을 했답니다.
"너희가 열심히 일을 한다면 1년에 한 번,
7월 7일날 밤에 만날 수 있도록 해 주마."

그러자 직녀는 1년에 한 번 견우를 만날 수 있다는 희망에
이전보다 더 아름답게 옷감을 만들었어요.
견우도 예전처럼 소도 잘 돌보고
밭일도 부지런히 했답니다.

그 뒤, 견우와 직녀는 칠월 칠석날이 되면
은하수를 건너 행복한 시간을 보냈어요.
까치와 까마귀들이 날개를 펼쳐 은하수에
두 사람을 이어 주는 다리를 놓았답니다.
그 다리가 바로 '오작교'예요.

과학으로 풀어 보자!
견우와 직녀

우주의 수수께끼
끝없이 넓고 신비함으로 가득한 우주.
별은 얼마나 멀리 떨어져 있는 걸까요?

 견우와 직녀 이야기의 배경이 되는 별은 어떤 별일까?

A 직녀는 베가, 견우는 알타이르야.

• 여름의 대삼각형

견우와 직녀 이야기의 배경이 된 별은 일등성인 '베가'와 '알타이르'예요.
거문고자리의 베가(직녀성)와 독수리자리의 알타이르(견우성), 백조자리에서 가장 밝은 '데네브'. 이 3개의 별을 이은 삼각형을 '여름의 대삼각형'이라고 해요.

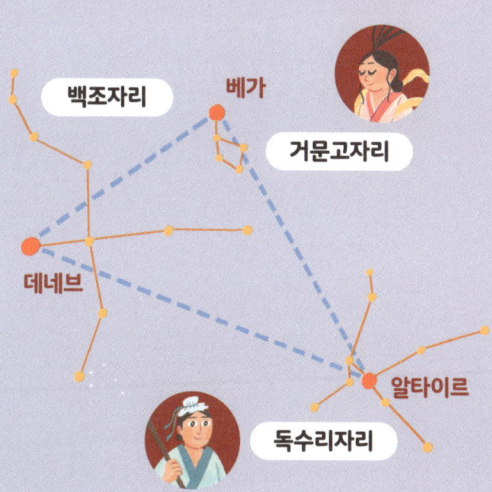

*일등성: 별의 밝기를 여섯 등급으로 나눌 때 가장 밝게 보이는 별.

어디에서 볼 수 있을까?

칠월 칠석날 밤에는 은하수를 사이에 두고
동쪽 하늘에서 빛나는 베가와 알타이르를 볼 수 있어요.
밤에도 환한 도시에서는 두 별을 이어 주는
은하수를 볼 수 없지만, 불빛이 적은 장소에서는 발견할 수 있어요.

 **우주의 수수께끼**

Q 베가와 알타이르는 어디에 있을까?
A 은하계 안에 있어.

우리가 살고 있는 지구는 '태양계' 안에 있어요.
그리고 태양계는 '은하계'라고 불리는 은하의 안에 있지요.
마찬가지로 베가와 알타이르도 이 은하계 안에 있답니다.

태양계
지구는 이 태양계 안에 있어요.

여름의 대삼각형

생각보다 가깝다?!

오른쪽 그림에 여름의 대삼각형을 한번 그려 보았어요.
은하 안에서 보니,
태양계와 여름의 대삼각형은 마치 서로 가까운 거리에 살고 있는 친구처럼 보이네요.

위에서 보면…

옆에서 보면…

태양계　　은하계의 중심

약 2만 6,000광년

은하계의 중심

● 은하수는 '별빛들의 모임'

지구에서 은하계의 중심을 보면,
수없이 많은 별빛의 모임이
마치 띠처럼 보인답니다.
이것이 바로 '은하수'예요.

'은하'란?

은하는 항성과 성간 물질이 포함된 수많은 천체의 무리예요.
즉, 별들의 모임이지요.
'항성'이란 태양처럼 스스로 빛을 내는 별을 말하며,
'성간 물질'은 별과 별 사이에 떠 있는 가스나 먼지를 뜻해요.
'은하계'는 흔히 우리가 사는 지구가 포함되어 있는
'우리은하'를 가리키는 말로 쓰여요. 우주에는 우리은하 말고도
'안드로메다 은하'와 같은 수많은 은하가 존재한답니다.

우주의 수수께끼

베가와 알타이르는 얼마나 떨어져 있을까?

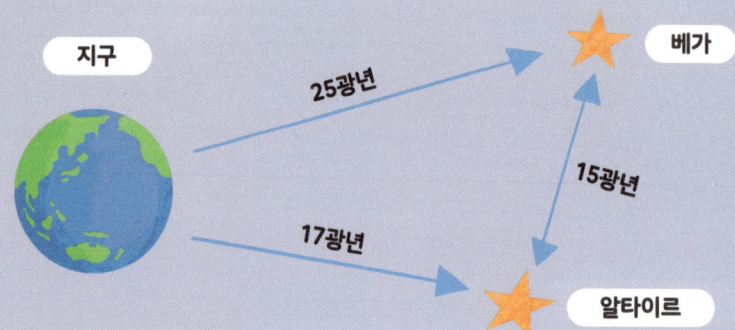

● 빛의 빠르기로 15년

지구에서 베가까지는 25광년, 알타이르까지는 17광년 떨어져 있어요. 그리고 두 별 사이의 거리는 15광년이에요. 빛의 빠르기로 15년이나 걸리는 거리만큼 떨어져 있는데 견우와 직녀는 어떻게 만날 수 있는 걸까요?

'광년'이란?

1광년은 빛이 1년 동안 이동할 수 있는 거리를 말해요. 빛은 1초에 약 30만 km를 이동하므로 1년에 약 9조 5,000억 km의 거리를 이동할 수 있는 것이지요.*
고속철도의 시속이 300km라고 한다면, 1년에 약 263만 km 이동할 수 있어요. 따라서 고속철도로 1광년만큼 이동한다면 약 361만 년이 걸리겠네요.**

빛은 1초 동안 지구 둘레를 7바퀴 반이나 돌 수 있어요!

* 30만 km×60초×60분×24시간×365일 = 9조 4,608억 km 이동할 수 있음.
** 9조 5,000억 km ÷ 263만 km = 약 361만 년

> 칠석은 왜
> 7월 7일인 걸까?
>
> A 베가와 알타이르가
>   가장 빛나 보이는 날이기 때문이야.

옛날, 음력 7월 7일 무렵에는
은하수에 드리운 여름의 대삼각형이
밤 9시 무렵 하늘에 떠 있었고,
베가와 알타이르도 볼 수 있었답니다.

견우와 직녀 전설은 아주 먼 옛날에
만들어졌다고 해요.
은하 서쪽에 있는 직녀와 동쪽에 있는 견우가
1년에 한 번 오작교에서 만난다는 이야기지요.
한국과 중국에도 전해지고 있어요.

일본의 옛날이야기와 7월 7일에 하던
행사가 합쳐져 지금의 칠석이 탄생한 것이랍니다.

 우주의 수수께끼

Q 겨울에는 여름의 대삼각형을 볼 수 없을까?

A 여름과 겨울에 보이는 별자리는 각각 달라.

- **지구는 태양 주위를 돌아요**

날마다 같은 시간에 밤하늘을 올려다보아도 계절에 따라 보이는 별자리는 달라요. 그 이유는 바로 지구가 태양 주위를 1년 동안 한 바퀴 돌기 때문이에요. 이것을 '공전'이라고 하지요.

하늘에 떠 있는 태양이 움직이는 것처럼 보이지만 사실은 지구가 움직이는 거였구나!

태양의 반대편에 있는 별자리는 한밤중에 잘 보여요

공전에 의해 북반구는 겨울이 되면 여름과는 반대로 낮에 전갈자리를 보기 어렵지만 밤에는 오리온자리를 볼 수 있어요.

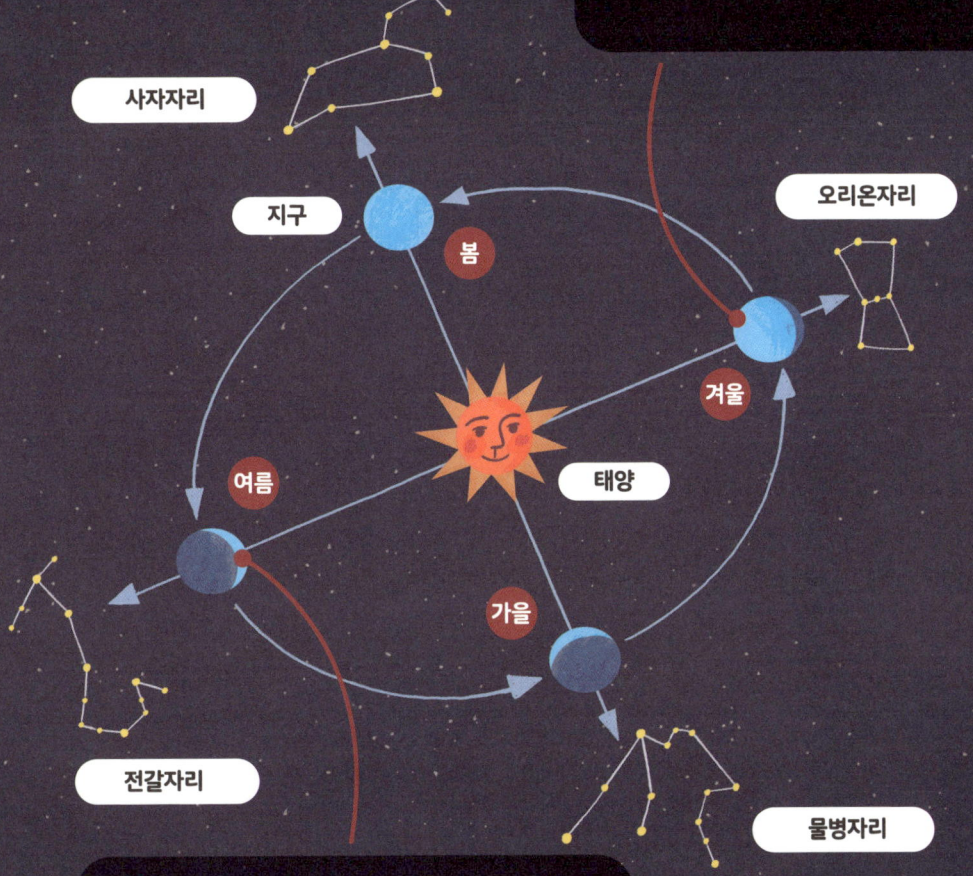

한국과 일본 등이 위치한 북반구는 여름에 오리온자리가 태양과 같은 방향에 놓이게 돼요. 즉, 밝은 낮 시간대의 하늘에 떠 있기 때문에 오리온자리를 볼 수 없는 것이지요. 반대로 태양의 반대 방향에 있는 전갈자리는 어두운 밤하늘에 떠 있기 때문에 볼 수 있답니다.

우주의 수수께끼

투명 우산으로 별자리판 만들기

나도 과학자 실험해 보기

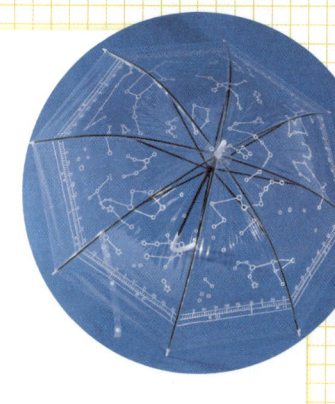

별자리판으로 별을 볼 수 있는 방향과 언제 볼 수 있는지 알 수 있어요.

준비물

- 투명 우산…1개 (50~55cm)
- 별자리가 그려진 종이
  - * 별자리가 그려진 종이를 사서 사용해도 되지만 인터넷에서 별자리판을 다운로드받아 인쇄하거나 문구점 등에서 판매하는 별자리판을 8등분해 A3 용지에 베껴 그려서 사용해도 돼요.
- 유성펜(흰색)
- 셀로판테이프

우산의 한가운데에 북극성이 오게 하고, 날짜가 적힌 부분이 눈앞에 오게 해요.

만드는 방법

1

우산 안쪽에서 별자리가 보이도록 빗물이 닿는 바깥 면에 별자리가 그려진 종이를 덮어 줘요.

2

별자리 그림을 우산 안쪽에서 보이는 대로 유성펜으로 그려요.

* 위의 만들기는 오오시마 오사무(大島修) 선생님이 고안한 '별자리 우산'을 일부 변경하여 소개한 것입니다.

헨젤과 그레텔

어느 날, 헨젤과 그레텔은 숲속에서 헤매다
과자로 만들어진 집을 발견했어요.
과연 어떤 과자로 만들어진 집일까요?
직접 만들어 보고 싶지 않나요?
맛있는 과자에도 과학 수수께끼가 숨어 있답니다!

| 명작 동화를 과학으로 풀어 보자! |  과자의 수수께끼 》 119쪽 |

어느 날, 헨젤과 그레텔이 숲속을 헤매고 있었어요.
못된 새엄마의 꼬임에 넘어간 아빠가 어쩔 수 없이
남매를 숲에 버려두고 간 것이었지요.
남매의 아빠는 나무꾼인데 너무너무 가난해서
늘 먹을 것이 부족했어요.

"오빠, 무서워. 집에 가고 싶어."
그레텔이 울먹이며 말했어요.
"그래, 걱정 마. 집으로 돌아가는 길을 알 수 있게
내가 길에 빵조각을 떨어뜨리며 왔거든."
하지만 헨젤이 길 위에 떨어뜨린 빵조각을
새들이 모두 먹어 버려 길을 찾을 수가 없었지요.

배가 몹시 고팠던 헨젤과 그레텔은
지붕은 쿠키, 문은 사탕으로 만들어진
신기한 집 앞으로 다가갔어요.

"얘들아, 잘 왔어. 이쪽으로 와 보렴."

과자로 만든 집 안에서 마녀가 나타났어요.

남매를 친절하게 맞이한 마녀는

헨젤을 가두어 놓고 그레텔에게 일을 시켰어요.

그리고 며칠이 지난 어느 날,

마녀가 그레텔에게 말했어요.

"네 오빠를 잡아먹으려고 하니 아궁이에 불을 피우거라."

"불은 어떻게 피우나요?"

"아니, 그것도 몰라? 이렇게 하면 되지!"

마녀가 아궁이 뚜껑을 열고
안을 들여다보는 순간…….

그레텔은 있는 힘을 다해 마녀를 아궁이 안으로
밀어 넣었어요.
"얼른 도망치자, 오빠!"
헨젤과 그레텔은 마녀의 방에 있던 보석을
잔뜩 챙겨 들고 집으로 돌아갔어요.

"얘들아, 정말 미안하다."
아빠는 무사히 돌아온 헨젤과 그레텔에게
울면서 사과했어요.
새엄마는 사라지고 없었지요.
그 뒤 세 식구는 오래오래 행복하게 살았답니다.

과학으로 풀어 보자!

헨젤과 그레텔

과자의 수수께끼

헨젤과 그레텔이 발견한 과자로 만들어진 집. 과자에 가득 담긴 수수께끼를 풀어 볼까요?

 사탕이나 쿠키는 왜 딱딱한 걸까?

A 그것은 수분이 빠졌기 때문이야.

- **수분이 빠지면 딱딱해지는 사탕**

사탕은 많은 양의 설탕을 넣어서 만들어요.
설탕에 물을 섞어 진한 설탕물을 만든 다음
따뜻하게 해 주면 설탕물 속에 든 수분이
공기 중으로 날아가 버려요.
그러면 설탕끼리 달라붙어 딱딱해지는 거예요.

- **글루텐으로 딱딱해지는 쿠키**

쿠키에는 많은 양의 밀가루와 설탕,
그리고 버터가 들어가요.
밀가루에 수분을 섞어 반죽하면 '글루텐'이라는
성분이 생겨 고무처럼 쭉쭉 늘어나요.
이렇게 만들어진 반죽을 구우면
수분이 빠져 딱딱하게 변한답니다.

과자의 수수께끼

 초콜릿이 잘 녹는 이유는 뭘까?

A 낮은 온도에서도
기름이 녹기 때문이야.

초콜릿은 '카카오'라는 식물의 씨앗으로 만들어지는
카카오 페이스트에 설탕을 섞어서 만들어요.
카카오 페이스트에는 많은 양의 기름이 들어 있지요.
기름은 낮은 온도에서 녹는 것도 있고
높은 온도에서만 녹는 것도 있는데,
카카오 페이스트에 들어 있는 기름은
낮은 온도에서도 녹는 기름이기 때문에
이를 재료로 사용한 초콜릿 또한 잘 녹는 것이랍니다.

잘 녹지 않는 초콜릿

카카오 열매

카카오 열매는 딱딱한 껍데기에
둘러싸여 있어요.
안쪽의 씨앗을 발효시켜 건조하거나
으깨서 카카오 페이스트를
만든답니다.

초콜릿

카카오 페이스트에 설탕이나
그 밖의 다른 재료를 섞어서
초콜릿을 만들어요.
이 상태라면 녹기 쉽지만 초콜릿을
작고 둥근 모양으로 만들어
겉을 설탕이나 비스킷으로 둘러싸면
쉽게 녹지 않는답니다.

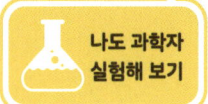 ## 초콜릿을 녹여서 다른 모양으로 만들자

사각형, 삼각형, 하트 등 좋아하는 모양으로 틀을 만들어 녹인 초콜릿을 굳혀 보아요.

귀엽게 토핑을 올려 보자!

준비물

- 우유 팩(1L) …1개

- 판 초콜릿 …1개
- 밀폐 지퍼백 …1장
- 쿠킹 시트
- 가위
- 스테이플러
- 요리용 볼
- 막대기
- 온도계

* 스테이플러로 우유 팩을 고정할 때, 비뚤어지지 않게 확실히 고정해 주세요. 이 실험은 어른과 함께 하고, 완성된 초콜릿은 되도록 빨리 먹기를 추천합니다.

만드는 방법

우유 팩을 펼쳐 2cm 폭으로 잘라요. 좋아하는 모양으로 만든 다음 스테이플러로 고정해요.

* 하트 모양의 구부러진 부분은 짧게, 뾰족한 부분은 길게 빼서 고정하면 깔끔하게 만들 수 있어요.

판 초콜릿을 작게 쪼개 지퍼백에 넣고 입구를 꽉 닫은 다음 60℃ 정도의 따뜻한 물에 담가서 녹여 주세요.

쿠킹 시트 위에 틀을 올려놓고, 지퍼백의 끝을 조금 잘라 내 녹은 초콜릿을 천천히 틀 안에 짜 넣어요. 냉장고에 넣고 굳을 때까지 기다리면 완성이에요.

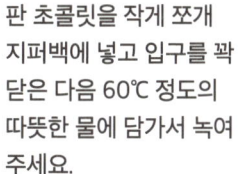

과자의 수수께끼

• 과자는 어떤 모양일까?

집에 있는 과자의 모양을 한번 관찰해 볼까요?
집에 과자가 없으면, 가게에서 파는 과자의 모양을 떠올려 보세요.
둥근 모양도 있고, 네모나 길쭉한 모양도 있을 거예요.
이렇게 다양한 모양의 과자가 있으면, 집을 만들 수 있지 않을까요?

막대 모양 쿠키 · 웨이퍼(웨하스) · 초콜릿 · 비스킷

더 알고 싶어!

벌집은 튼튼한 허니콤 구조로 만들어져 있어요

허니콤 구조는 정육각형의 기둥처럼 생긴 것들이 빈틈없이 빼곡히 나열된 것을 말해요. 마치 벌집 모양처럼 생겨서 이렇게 불리게 되었지요.
이런 구조는 적은 재료로도 튼튼하게 만들 수 있기 때문에 잘 부서지지 않는다고 해요.

벌집은 정육각형이 빈틈없이 들어차 있어서 남는 공간 없이 많은 방을 만들 수 있어요.

실제로 과자 집을 만들 수 있을까?

A 먼저 설계도부터 만들어 보자.

과자의 모양을 잘 관찰한 다음 나만의 집을 상상하며 설계도를 만들어 봐요.

굴뚝이 우뚝 솟아 있는 단층집은 어떨까?

베란다가 있는 이층집은 어떨까?

하얀 눈이 소복이 쌓인 지붕은 화이트초콜릿으로 만들어 볼까?

집을 만들 때, 커다란 쿠키로 벽을 세울 수 있지 않을까?

과자의 수수께끼

• 과자 집을 만들어 보자

어떤 집을 만들지 상상해 보았다면,
이제 세상에 단 하나뿐인 나만의 과자 집을 만들어 볼까요?

아이디어 ①

우유 팩에 비닐 랩을 씌워요.
아이싱 슈가(쉽게 구할 수 있는 펜 모양을
사용하면 바르기 쉬워요)를
과자 겉면에 바른 다음
비닐 랩에 붙여요.

우유 팩에 비닐 랩을
씌운 모양

어떤 과자로
만들어 볼까?

아이디어 ②

집 모양으로 만든 스펀지 케이크나 카스텔라에
크림을 바르고 과자를 붙여요.

케이크나 카스텔라를
사각형이나 삼각형으로
잘라 집 모양으로
만들어요.

겉면에 생크림을
발라요.

어떻게 하면
튼튼하게
만들 수 있을까?

* 보호자님께
과자 집을 만들 때는 자녀와 함께 위생에 신경 써 가며 만들어 주세요.
완성한 과자 집은 보관에 주의하고, 되도록 빠른 시간 안에 드시기 바랍니다.

가구야 공주

어느 날, 할아버지가 대나무 속에서 발견한
어여쁜 가구야 공주.
가구야 공주가 돌아간 달은
가끔 보이지 않는 날도 있는데,
가구야 공주도 달과 함께 사라져 버린 건 아닐까요?
먼 옛날부터 전해 내려오는 이야기에도
과학 수수께끼가 가득 숨어 있답니다!

| 명작 동화를 과학으로 풀어 보자! |  달의 수수께끼 | » 132쪽 |

어떤 할아버지가 숲속에서
신비한 대나무를 발견했어요.
"아니, 이게 어떻게 된 일이지?
대나무에서 빛이 나다니!"
대나무 속에는 작은 여자 아기가 있었어요.
"집에 데리고 가서 키워야겠어."
할아버지와 할머니는 아기를 정성껏 키웠어요.

'가구야 공주'라고 불린 아기는
어여쁜 아가씨로 자랐어요.
"가구야 공주와 결혼하고 싶어."
여기저기서 수많은 젊은이들이
가구야 공주를 보러 찾아왔어요.

"저는 아주 귀한 보물을 가지고 오신 분과
결혼하겠어요."
가구야 공주가 젊은이들에게 말했어요.
하지만 누가 어떤 보물을 가지고 와도
가구야 공주는 조용히 고개를 저을 뿐
결혼하려고 하지 않았어요.

그러던 어느 날 밤이었어요.
슬픈 표정으로 달을 바라보던 가구야 공주가
할아버지, 할머니에게 비밀 이야기를 들려주었어요.
"사실 저는 달나라에서 왔답니다. 이제 다시
달나라로 돌아가야 해요."

보름달이 두둥실 떠오른 밤,
달나라 사람들이 가구야 공주를 데리러 왔어요.
"얘야, 우리 곁을 떠나지 말아 다오."
할아버지, 할머니는 가구야 공주와 헤어지고 싶지 않아
슬피 울었어요.

가구야 공주도 눈물을 뚝뚝 흘렸어요.
"저는 이제 떠나야 해요. 부디 건강히 지내세요.
지금까지 키워 주셔서 감사합니다."
그리고 가구야 공주는 달나라로 돌아갔어요.

과학으로 풀어 보자!
가구야 공주

달의 수수께끼

대나무나 죽순을 실제로 본 적이 있나요?
가구야 공주가 돌아간 달은 어떤 곳일까요?

Q 빛나는 대나무가 정말 있을까?

A 빛나는 것처럼 보이는 대나무는 있어.

대나무가 스스로 빛났던 것은 아니구나!

이야기 속 할아버지가 발견한 대나무는 '담죽(솜대)'일지도 몰라요.
담죽은 겉에 하얀 가루가 묻어 있는 것처럼 보이는 대나무의 한 종류랍니다.
이 하얀 가루가 달빛을 받아 살짝 빛나는 것처럼 보인 것이지요.

높이는 10~15m이고, 둘레는 3~10cm랍니다.

표면이 하얗게 보이는 담죽

• 빛을 내는 다양한 생물

지구상에는 스스로 빛을 내는 생물이 수천에서 수만 가지나 있다고 해요. 반딧불이 같은 곤충, 해파리나 오징어 같은 바다 생물, 그리고 버섯 같은 균류 등이지요.
그런데 신기하게도 스스로 빛을 내는 식물은 없답니다.

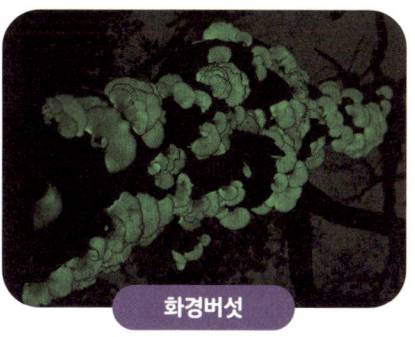

화경버섯

밤이 되면 푸르스름하게 빛나는 것처럼 보여요.
(사진에서는 초록빛처럼 보이네요.)

받침애주름버섯

밤이 되면 밝은 초록으로 빛나는 것처럼 보여요.

평범한 버섯처럼 생겼어!

낮에는 하얀색으로 보여!

반딧불이

엉덩이 부분이 빛나요.

왜 빛나는 걸까?

생물마다 빛을 내는 이유는 달라요. 생물의 몸속에 있는 빛을 내는 효소가 자극을 받거나 또 다른 성분과 합쳐지는 등의 이유로 빛나는 것이랍니다.

달의 수수께끼

Q 대나무는 자라는 데 얼마나 걸릴까?

A 싹이 돋고 반년이 지나면 20m까지 자라!

대나무통 안에서 태어난 가구야 공주는
눈 깜짝할 사이에 어른으로 성장했어요.
사실 대나무도 가구야 공주처럼
매우 빠르게 자란답니다.
대나무는 땅속에 있는 줄기에서 싹을 틔워요.
그 싹이 자라나면 죽순이 되고, 죽순이 자라서
대나무가 되는 것이지요.
대나무가 성장하는 속도는 종류에 따라 다르지만
죽순대의 경우, 반년에 20m 정도 높이로
자라는 것으로 알려져 있어요.
기록에 따르면, 하룻밤 만에 1m나 자란
대나무도 있다고 해요.

싹을 틔운다

죽순이 된다

대나무가 된다

> 직접 해 보자!

● 죽순을 먹어 봐요

봄이 되면 껍질을 벗기지 않은 채 파는 죽순을 볼 수 있어요.
죽순은 어떤 맛인지 직접 요리해서 먹어 볼까요?

1. 죽순에 묻어 있는 흙을 물로 씻어 내고 딱딱한 껍질을 2~3장 벗겨 낸 다음 세로로 칼집을 내요.

2. 물이 담긴 냄비에 죽순을 넣은 다음 쌀 또는 쌀겨를 함께 넣고 삶아요.

3. 젓가락이나 꼬챙이로 죽순을 찔러 쑥 들어가면 불을 끄고 그대로 식혀요. 이제 요리할 준비가 다 됐어요.

죽순을 삶아서 딱딱한 껍질을 벗기면 부드러운 부분이 드러나요.

삶은 죽순은 단단한 껍질을 벗긴 다음 부드러운 부분을 작게 썰어 요리에 사용해요. 죽순 솥밥으로 만들면 맛있게 먹을 수 있어요. 탕수육이나 고추잡채에 넣어도 맛있답니다.

죽순 솥밥

고추잡채

멘마는 죽순일까?

라면에 들어가는 멘마는 죽순이에요. 하지만 흔히 볼 수 있는 죽순대가 아니라 '마죽'이라는 종류의 대나무로 만든 거예요.

 **달의 수수께끼**

🔍 달의 모양이 변하는 이유는 뭘까?

A 달에 닿는 빛과 달에 생기는 그림자에 의해 형태가 달라 보이기 때문이야.

지구가 태양의 주위를 도는 것처럼 달도 지구 주위를 돌아요.

보름달

오른쪽 그림처럼 달, 지구, 태양 순서로 나란히 있을 때는 지구에서 빛이 닿은 달의 모든 부분을 볼 수 있기 때문에 둥근 모양의 보름달이 된답니다.

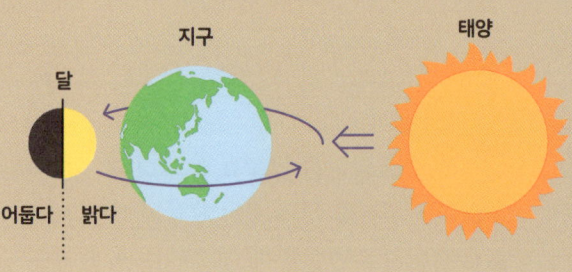

초승달

태양, 달, 지구 순서로 나란히 있을 때 지구에서는 빛이 닿은 달의 부분을 볼 수 없기 때문에 달은 초승달 모양이 된답니다.

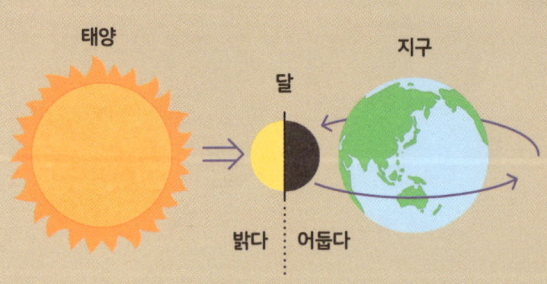

더 알고 싶어!

달빛의 밝기는?

보름달의 밝기는 0.25럭스 (밝기의 단위)라고 해요. 참고로, 책을 읽을 때 추천하는 조명의 밝기는 500럭스예요. 하지만 옛날이야기에는 촛불을 켤 형편도 안 될 정도로 가난한 사람이 밤에 지붕 위로 올라가 달빛에 의지해 책을 읽었다는 내용도 있어요. 가난한 사람들에게는 보름달이 소중한 빛이었던 것이지요.

보름달

불빛 하나 없는 캄캄한 밤이 되면 보름달이 무척 밝게 느껴져요.

초승달

초승달은 보름달의 100분의 1 정도 밝기예요. 하지만 주변의 별과 비교하면 아주 밝은 편이랍니다.

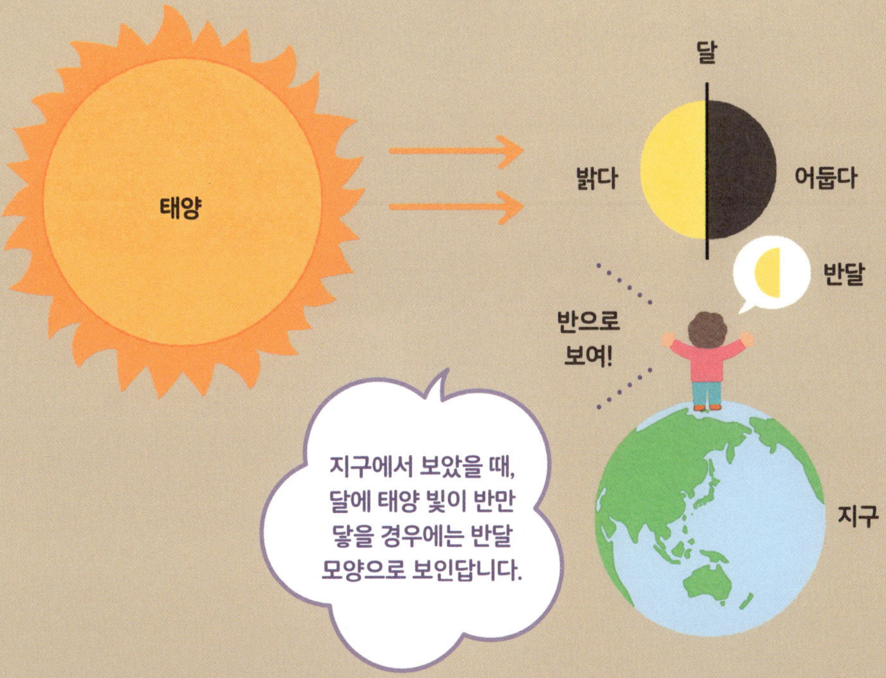

태양 → 달 (밝다 / 어둡다)

반달 — 반으로 보여!

지구

지구에서 보았을 때, 달에 태양 빛이 반만 닿을 경우에는 반달 모양으로 보인답니다.

 달의 수수께끼

 달에서 사람이 살 수 있을까?

🅰 머지않아 살 수 있을지도 몰라.

달에서도 사람이 살게 되는 미래는 생각보다 멀지 않을지도 몰라요. 우주에서 여러 가지 실험과 지구 관측, 연구를 하며 생활하는 '국제 우주 정거장(ISS)'도 이미 존재하기 때문에 이런 시설을 달에 만든다면 그 안에서 사람이 살 수도 있을 거예요.

지구 상공에 떠 있는 국제 우주 정거장

> 만약 달에서 살게 된다면 지구와 어떤 점이 다를까?

【지구와 달의 다른 점】

	지구	달
공기	있음	공기는 없지만⋯ 산소에 필요한 산화물이 달 표면의 모래 속에 들어 있기 때문에 이를 잘 활용한다면 산소를 만들 수 있을지도 몰라요.
물	있음	있을지도 몰라요.
먹을 것	있음	음식은 없지만⋯ 온실 같은 곳에서 채소를 재배할 수 있어요.
전기	있음	태양 전지를 사용하거나 태양열로 전기를 만들 수 있어요.

> 중력이 낮은 달에서 점프하면 아주 높이 뛰어오를 수 있어!

● 착륙을 위한 계획

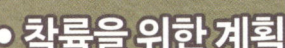

1969년, 인류가 최초로 달에 발을 디딘 것은 미국의 '아폴로 계획' 덕분이었어요. 아폴로 계획에 따라 미국에서 만든 달 착륙용 우주선을 타고 미국인 두 명이 달 표면에 도착했지요. 그로부터 50여 년이 지난 2024년 현재 사람이 달에 가는 것을 목표로 한 '아르테미스 계획'이 진행되고 있답니다.

> 생각해 보자!

살아 보고 싶은 별이 있나요?

우주에는 셀 수 없이 많은 별이 있어요.
여러분이 살아 보고 싶은 별이 있나요?

지구가 속해 있는 태양계의 어느 별일까요?
태양계에는 8개의 행성이 있어요.
밤하늘에서 붉게 보이는 화성은 지구의 이웃 행성이에요.
또 화성 옆에 있는 목성은 지구의 약 12배나 되는
커다란 별이랍니다.

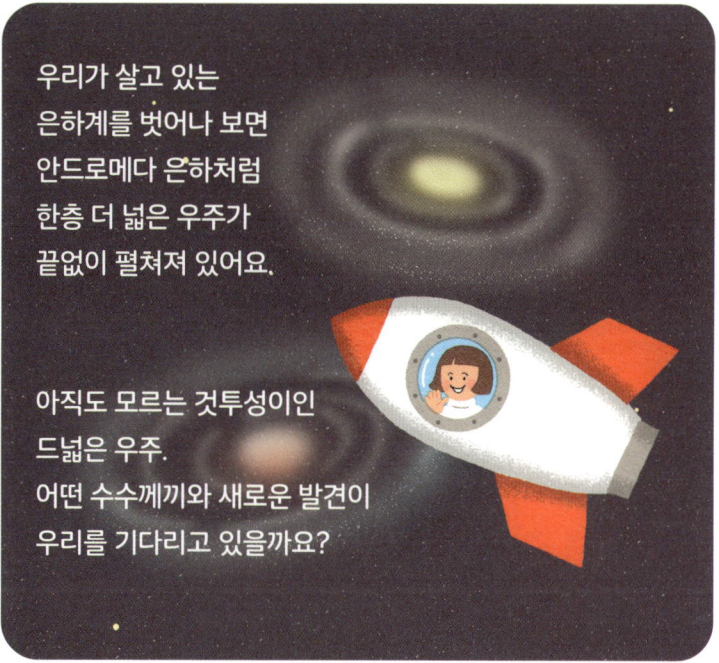

우리가 살고 있는
은하계를 벗어나 보면
안드로메다 은하처럼
한층 더 넓은 우주가
끝없이 펼쳐져 있어요.

아직도 모르는 것투성이인
드넓은 우주.
어떤 수수께끼와 새로운 발견이
우리를 기다리고 있을까요?

커다란 순무

어떤 할아버지가 순무 씨앗을 심은 다음
온 정성을 다해 키웠어요.
그러자 순무는 한 번도 본 적이 없는
엄청난 크기로 자랐어요.
과연 순무는 얼마나 컸던 걸까요?
또 달고 맛있는 순무를 어떻게 요리해
먹을 수 있을까요?

명작 동화를 과학으로 풀어 보자!  **무게의 수수께끼** » **147쪽**

어떤 할아버지가 텃밭에
순무 씨앗을 심었어요.
그런데 얼마 지나자 순무가
어마어마한 크기로 쑥쑥 자랐어요.
"이건 틀림없이 맛도 좋을 거야.
어디 한번 뽑아 볼까? 영차!"
하지만 순무는 꿈쩍도 하지 않았어요.

"할멈, 나 좀 도와주구려."
할아버지는 할머니와 함께
온 힘을 다해 순무를 잡아당겼어요.
"영차, 영차!"
그래도 순무는 뽑히지 않았지요.

이번에는 손녀까지 와서 도와주었어요.
"하나 둘 셋! 영차, 영차!"
하지만 순무는 꿈쩍도 하지 않았어요.

결국 강아지와 고양이, 생쥐까지
힘을 합쳐 순무를 잡아당겼어요.
"이영차, 이영차!"

쑥욱~!

드디어 꼼짝 않던 순무가 뽑혔어요.

"우아, 뽑혔다. 만세~!"

모두 손뼉을 치며 기뻐했답니다.

과학으로 풀어 보자! 커다란 순무

무게의 수수께끼

다 함께 힘을 합쳐 뽑은 커다란 순무는 도대체 얼마나 무거웠던 걸까요?

Q 순무는 어떤 채소일까?

A 겨울에 먹으면 가장 맛있는 채소야.

잎과 뿌리 다 먹을 수 있어!

순무는 무, 브로콜리와 같은 십자화과 채소예요. 추워질 무렵에 단맛이 올라 맛있게 먹을 수 있지요. 순무의 하얀 부분은 사실 뿌리가 아니라 '배축'이라 불리는 줄기의 일부분이에요. 배축은 자라서 줄기가 되는데, 위쪽은 떡잎과 어린싹이 되고 아래쪽은 어린뿌리가 된답니다. 일본에서는 1월 7일에 1년 동안의 건강을 바라며 나물죽을 먹는데, 여기에도 순무가 들어가지요.

순무
잎에도 영양분이 가득 들어 있어요.

나물죽
봄에 나는 7가지 나물(미나리, 냉이, 떡쑥, 별꽃, 광대나물, 순무, 무)을 넣은 죽.

 **무게**의 수수께끼

Q 저마다 어느 정도의 힘으로 순무를 잡아당겼을까?

A 자신의 몸무게와 같은 무게만큼 당길 수 있어.

 내 몸무게만큼의 힘으로 당길 수 있는 거구나!

땅, 즉 지면이 단단하면 사람은 자신의 몸무게(체중)와 같은 무게의 물건을 당길 수 있어요. 예를 들어 몸무게가 15kg이면 5kg짜리 쌀포대 3개 정도의 무게를 당길 수 있답니다.

하지만 미끄러지기 쉬운 지면은 받쳐 주는 힘이 부족해 단단한 지면에서보다 힘을 적게 낼 수밖에 없지요.

● 몸무게와 같은 무게를 당길 수 있다면…

몸무게가 80kg이니까 있는 힘껏 잡아당기면 80kg짜리 물건을 끌어당길 수 있어.

 할아버지

몸무게가 60kg이니까 있는 힘껏 잡아당기면 60kg짜리 물건을 끌어당길 수 있어.

 할머니

몸무게가 30kg이니까 있는 힘껏 잡아당기면 30kg짜리 물건을 끌어당길 수 있어.

 손녀

몸무게가 20kg이니까 있는 힘껏 잡아당기면 20kg짜리 물건을 끌어당길 수 있어.

 강아지

몸무게가 5kg이니까 있는 힘껏 잡아당기면 5kg짜리 물건을 끌어당길 수 있어.

 고양이

몸무게가 500g이니까 있는 힘껏 잡아당기면 500g짜리 물건을 끌어당길 수 있어.

 생쥐

=

모두의 힘을 합친다면
195.5kg짜리 물건을 끌어당길 수 있어!

합계
195.5
kg

무게의 수수께끼

Q. '커다란 순무'는 얼마나 무거웠을까?

A. 계산해 보면 약 100kg이란 걸 알 수 있어.

순무를 흙속에서 뽑아내려면 순무의 무게보다 2배 더 큰 힘이 필요해요.
따라서 순무를 당기는 사람들의 몸무게를 모두 더한 다음 반으로 나누면 순무의 무게를 구할 수 있지요.*
하지만 지면이 단단하지 않고 미끄럽다거나 순무가 땅속 깊이 박혀 있다면 더 힘들었을 거예요.

'커다란 순무'는 약 100kg의 냉장고와 거의 비슷한 무게!

* 149쪽에서 살펴본 대로 순무를 뽑아낸 사람들의 몸무게를 모두 더하면 195.5kg이 돼요. 이것을 반으로 나누면 97.75kg이므로, 이것이 순무의 무게라는 것을 알 수 있답니다.

 이야기 속 '커다란 순무'처럼 크고 무거운 채소가 정말 있을까?

• 전 세계의 크고 무거운 채소들

'애틀랜틱 자이언트'라는 이름의 호박은 아주 크게 자라요. 잘 키우면 무게가 수백 kg까지 자라기도 한대요.

어린아이보다 더 큰 호박. 어린아이와 호박의 무게를 겨루는 이벤트도 있어요.

생각해 보자!

'커다란 순무'는 수프 말고 다른 음식으로도 요리해 먹을 수 있을까?

일본에서는 순무를 얇게 썰어 절인 음식(센마이즈케)이 유명해요. 순무는 구워도, 삶아도, 절여도 맛있게 먹을 수 있답니다. 여러분은 순무를 어떻게 먹고 싶은가요?

힘의 균형을 잡아 보자

나도 과학자 실험해 보기

'커다란 순무'는 왜 쉽게 뽑히지 않았을까요? 그 이유는
뽑아내려는 힘과 순무의 무게가 거의 비슷해 힘의 균형이 맞았기 때문이에요.
그렇다면 힘의 균형이 맞는다는 게 어떤 것인지 실험해 볼까요?

준비물
- 옷걸이 …2개
- 수건

만드는 방법

1. 옷걸이를 오른쪽 그림처럼 책상 밖으로 살짝 나오게 걸쳐 놓아요.

2. 다른 옷걸이에 수건을 걸어요.

3. 그림처럼 ①의 옷걸이에 ②의 옷걸이를 걸어요. 그리고 책상 위의 옷걸이를 움직이며 아래쪽 옷걸이에 걸린 수건이 바닥에 닿지 않도록 균형이 잡히는 위치를 찾아보세요.

수건이 무거워서 옷걸이가 계속 떨어지려고 하면 책상 위에 놓은 옷걸이의 수를 늘려 보세요.

매달려 있는 옷걸이가 떨어지지 않는 이유는 뭘까?

수건이 걸려 있는 옷걸이 쪽이 더 무거운데도 수건이 떨어지지 않는 것은 양팔 저울이 균형을 잡는 것과 같은 원리예요.
책상에 걸쳐져 있는 옷걸이의 고리 부분이 받침점이 되어, 책상 위에 있는 옷걸이와 수건이 걸려 있는 옷걸이 사이의 균형을 잡아 주는 것이지요.
이 받침점이 양쪽의 옷걸이를 떠받쳐 주는 역할을 하는 것이랍니다.

해와 바람

태양이 따뜻한 이유는 뭘까요?
바람은 왜 부는 걸까요?
해와 바람의 과학적 수수께끼를 파헤치다 보면
어느 쪽이 더 강한지 비교하기보다
둘 다 대단하다는 것을 알 수 있을 거예요!

| 명작 동화를 과학으로 풀어 보자! |  날씨의 수수께끼 | ≫ 159쪽 |

어느 날, 해와 바람이 말다툼을 벌이고 있었어요.
"이 세상에서 가장 힘이 센 건 바로 나야."
바람의 말에 해가 지지 않고 대꾸했어요.
"아니에요! 제가 가장 세요."
"좋아, 그럼 누가 더 센지 대결해 볼까?"
그러자 해가 대답했어요.
"저기 저 나그네의 겉옷을 벗기는 쪽이 더 센 걸로 하죠."
"그래, 좋아!"
바람은 고개를 끄덕였어요.

"그럼 내가 먼저 시작한다!"
바람이 나그네를 향해 차가운 바람을
거세게 내뿜었어요.
휘이잉! 휘이이잉~!
"저런 겉옷 따위는 금세 날려 버릴 테다!"

하지만 나그네는 옷을 당겨
몸을 꼭꼭 감쌌어요.
"으, 너무 추워."

"이번에는 제 차례군요."
해는 나그네에게 다가가
따뜻한 빛을 비추었어요.

그러자 나그네는 몸을 감쌌던 겉옷을 벗었어요.
"아, 갑자기 너무 더운걸!"

"으윽, 내가 지다니!
무조건 힘이 세다고 강한 건 아니구나."
바람은 쑥스러워하며 어디로인가
휘익 날아가 버렸답니다.

과학으로 풀어 보자!
해와 바람

날씨의 수수께끼

이야기 속에서는 해가 이겼어요. 바람의 힘과 해(태양)의 수수께끼에 대해 알아볼까요?

 양지와 음지는 어떻게 다를까?

A 태양의 빛이 닿느냐, 닿지 않느냐에 따라 달라.

 태양의 빛은 참 따뜻한 것 같아.

양지(양달)

양지는 태양의 빛이 닿는 밝은 곳으로 따뜻한 편이에요. 무더위가 한창인 한여름에는 지면의 온도가 40℃ 가까이 올라가기도 한답니다.

음지(응달)

음지란, 물체에 그림자가 져서 볕이 잘 들지 않는 그늘진 곳을 말해요. 태양의 열기가 잘 전달되지 않아 지면의 온도가 주변보다 10~20℃ 정도 낮답니다.

날씨의 수수께끼

• 태양은 너무 뜨거워!

태양의 표면 온도는 약 6,000℃인 것으로 알려져 있어요.
6,000℃라면, 도대체 얼마나 뜨거운 걸까요?
촛불의 온도는 500~1,000℃ 정도이고,
분화한 마그마의 온도는 900~1,200℃ 정도라고 해요.
그런데 태양의 온도는 6,000℃라니, 어마어마하게 높지요?

태양은 열기와 빛을 내며 뜨겁게 타오르는 별이에요.

직접 해 보자!

• 태양에서 나오는 열기를 조사해 봐요

평소 우리는 태양에서 나오는 열기를 어디에 사용하고 있을까요?
바로 빨래한 옷을 말릴 때랍니다.
날씨가 맑을 때와 흐릴 때, 비가 올 때 각각 빨래한 옷을 말려 보세요.
그리고 완전히 마르기까지의 시간을 잰 다음 비교해 보세요.

🔍 바람은 왜 부는 걸까?

Ⓐ 태양열로 데워진 공기가 움직이기 때문이야.

우리 눈에 보이지는 않지만 사실 바람은 공기의 흐름이랍니다.
태양의 열기로 공기가 데워지면
상승 기류(대기 중에서 위로 올라가는 공기의 흐름)가 생겨요.
이로 인해 땅 위에는 주변보다 공기가 가벼워진 곳이 생기고,
그곳으로 무거운 공기가 흐르게 되면서 바람이 부는 거랍니다.

욕실 문을 열면 안의 따뜻한 공기와
바깥의 차가운 공기가 뒤바뀌며
집 안 전체가 따뜻해지는 것과 같아요.

고기압
주위와 비교했을 때, 공기가 무겁고 기압이 높은 곳이에요. 하늘에서 땅 위로 공기가 천천히 내려와 그곳에 있던 공기를 눌러 무겁게 만드는 것이지요. 고기압일 때는 하늘에 구름이 없고, 날씨가 맑답니다.

저기압
저기압은 고기압의 반대예요. 따뜻하게 데워진 공기가 가벼워지면서 하늘로 올라가면 주변 공기가 그곳으로 들어와요. 저기압일 때는 하늘에 구름이 생기고, 비가 내릴 가능성이 높답니다.

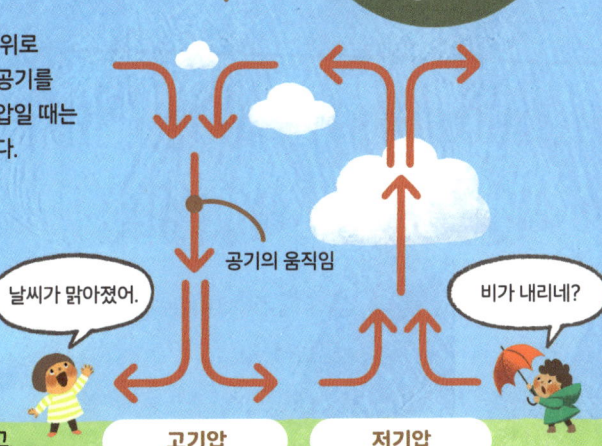

날씨가 맑아졌어.

공기의 움직임

비가 내리네?

고기압   저기압

 날씨의 수수께끼

북풍은 왜 차가운 걸까?

A 추운 북쪽에서 불어오기 때문이야.

 왜 차가운 바람이 되는 걸까?

바람이 불어오는 방향을 '풍향'이라고 해요.
북풍은 북쪽에서 불어오는 바람이지요.
지구의 북쪽에 있는 북극에서는
태양열을 제대로 받을 수 없기 때문에
북쪽에서 불어오는 바람이 차가운 거랍니다.

• 바람의 이름이 2,000가지나 있다고?

예로부터 사람은 자연을 소중하게 여기며
살아왔어요.
그래서 바람에도 이름을 지어 주었지요.
'춘풍(봄바람)'이나 '추풍(가을바람)'은
계절을 느낄 수 있게 해 주는 이름이에요.
그 밖에도 '마파람' '하늬바람' '회오리바람'과 같이
바람의 이름은 약 2,000가지나 된답니다.

● 계절에 따른 풍향과 기단

시베리아 기단
(겨울, 계절풍)

늦가을~초봄에는 시베리아 기단이 내려오는데 변덕이 심해 우리나라에 겨우내 있지도 않아요. 그래서 겨울 날씨가 삼한사온인 거예요.

오호츠크해 기단
(늦봄~초여름, 높새바람)

북동풍으로 불어오는 오호츠크해 기단이 태백산맥을 넘으면 고온 건조한 바람이 돼요. 이것이 푄 현상이며 높새바람이 만들어져요.

양쯔강 기단
(봄·가을, 꽃샘추위)

봄이 되면 양쯔강 기단이 시베리아 기단과 힘겨루기를 해요. 이때 꽃샘추위가 찾아오며, 이 기단은 가을에도 영향을 끼쳐요.

적도 기단
(늦여름~초가을, 태풍)

고온 다습하며 태풍과 함께 많은 비를 내리게 해요.

북태평양 기단
(여름~장마철, 계절풍)

덥고 습한 날씨의 원인이에요. 장마가 끝나고 이 기단이 얼마나 버티느냐에 따라 무더운 날씨가 계속되거나 빨리 끝나요.

날씨의 수수께끼

사보니우스형 풍차를 만들어 보자

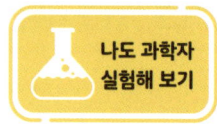
나도 과학자 실험해 보기

사보니우스형 풍차는 세로로 뻗은 모양의 풍차를 말해요. 바람이 어느 방향에서 불든 돌아간답니다.

준비물

- 종이컵 …2개
- 나무 꼬챙이 …1개
- 빨대 …1개
- 가위
- 셀로판테이프

눈코입이나 팔다리를 붙이면 더 재미있어요.

만드는 방법

1 종이컵을 세로로 반 자른 다음 한쪽 종이컵 끝에 칼집을 내요.

2 반으로 자른 종이컵의 입 대는 부분을 마주 대고 셀로판테이프로 이어 붙여요.

3

이어 붙인 종이컵에 셀로판테이프로
빨대를 붙여 줘요.

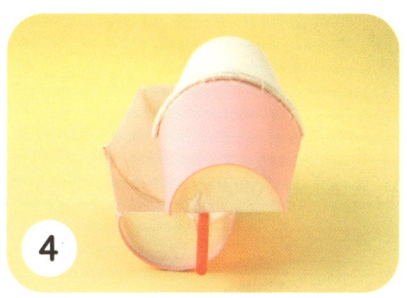

4

이어 붙인 다른 1개의 종이컵을
사진처럼 조금 어긋나도록 마주 보게
한 뒤, 테이프로 종이컵끼리 붙여 줘요.

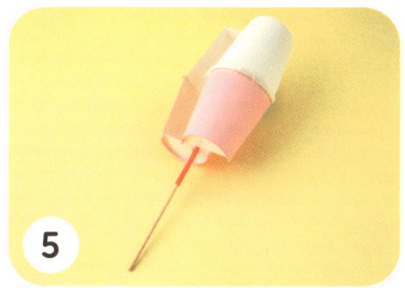

5

빨대를 조금 잘라 내고, 나무 꼬챙이의
뾰족한 부분을 빨대 안에 꽂아 넣어요.

풍차에 입바람을
불어 보자.
정말 빙글빙글
돌아갈까?

사보니우스형 풍차를 이용한 풍력 발전

풍력 발전은 바람의 힘으로 전기를 만들어요.
사보니우스형 풍차도 이 풍력 발전에 사용되지요.
여러 방향에서 불어오는 약한 바람에도
돌아가기 때문에 전기를 만들어 낸답니다.
그리고 가끔 건물들 사이로 강한 바람이 불어올
때도 있는데, 이 바람 역시 사보니우스형 풍차를
사용하면 전기를 만들어 낼 수 있지요.

바람이 어떤 방향에서 불든
2장의 날개를 사용해 전기를
만들 수 있어요.

 **날씨의 수수께끼**

• 반복해서 계속 사용할 수 있는 에너지

태양, 바람, 물, 땅 표면의 열기 등 계속 사용해도 다시 공급되는 자연 자원(자연적으로 존재하는 자원으로서 에너지의 재료가 되는 것)으로 만들어 내는 에너지를 '재생 가능 에너지'라고 해요.
석유나 천연가스 같은 화석 연료를 다른 나라에서 들여올 수 없게 되더라도 국내에 있는 자연 자원을 이용해 에너지를 만들 수 있답니다.

• 태양의 빛 에너지를 사용한 발전

태양에서 나오는 빛 에너지를 사용하는 태양 전지로 전기를 만들어 내는 것이 태양열 발전이에요.
태양 빛이 닿으면 전기가 만들어지는 방식이지요.

태양 전지를 모아 만든 솔라 패널(태양 전지 패널)

• 바람을 이용한 발전

바람으로 풍차를 돌려 전기를 일으키는 방법을 풍력 발전이라고 해요.
바다에 풍차를 세우기도 하지요.
풍력 발전은 전 세계에서 두루 사용되고 있어요.

풍력 발전에 사용되는 풍차는 매우 커요.

은혜 갚은 두루미

두루미는 어떤 새일까요?
베틀은 어떤 기계일까요?
옛날이야기에 등장하는 동물이나 물건을 알아본 뒤
다시 이야기를 읽어 보면
이전보다 더 즐거운 시간이 될 거예요!

| 명작 동화를 과학으로 풀어 보자! |  새의 수수께끼 | » 174쪽 |

어느 추운 겨울날이었어요.
마을에 땔감을 팔러 갔다 오던 할아버지가
덫에 걸려 발버둥 치는 두루미를 발견했어요.
"저런, 가엾어라."
할아버지는 두루미가 불쌍해서
덫을 풀어 도망치게 해 주었어요.

그날 밤이었어요.

똑똑똑. 누군가 문을 두드리는 소리가 들려왔어요.

할아버지가 문을 열자 낯선 여자아이가 서 있었어요.

"눈이 내리는데 갈 곳이 없어요. 도와주세요!"

할아버지와 할머니는 여자아이가

집에서 함께 살 수 있게 해 주었어요.

그리고 한참이 지난 어느 날이었어요.
여자아이가 베틀 앞에서 말했어요.
"제가 이 베틀로 옷감을 짜 드릴게요.
하지만 옷감을 짜고 있을 때는 절대 방 안을
들여다보시면 안 돼요."

덜그럭덜그럭 드르륵…… 덜그럭덜그럭 드르륵…….
여자아이는 사흘 동안 베틀 앞에서 옷감을 짰어요.

드디어 여자아이가 부드럽고 아름다운 옷감을
들고 나와 할아버지에게 건넸어요.
"이 옷감을 팔아 주세요."
할아버지는 옷감을 팔려고 마을로 내려갔어요.
놀랍게도 옷감은 아주 비싼 값에 팔렸답니다.

여자아이는 다시 옷감을 짜기 시작했어요.
"어떻게 저런 아름다운 옷감을 짜는 걸까?"
"하루 종일 방 안에만 있어도 괜찮으려나?"
여자아이가 걱정된 할아버지와 할머니는
방 안을 살짝 엿보다 깜짝 놀랐어요.

방 안에서 옷감을 짜고 있는 것은 여자아이가 아닌
할아버지가 구해 준 두루미였어요.
두루미는 자신의 깃털을 뽑아서 옷감을 짜고 있었어요.
"아! 제가 누구인지 들켰으니, 이제 여기서 살지 못해요."
두루미는 자신의 깃털로 짠 옷감을 건네주고는
어디로인가 훨훨 날아가 버렸답니다.

과학으로 풀어 보자! 은혜 갚은 두루미

새의 수수께끼
자신의 깃털로 옷감을 짠 두루미. 옷감은 과연 어떻게 만들어지는 걸까요?

Q 두루미는 어떤 새일까?

A 하얀 몸에 정수리 부분은 빨간색이고 몸집이 큰 새야.

두루미는 참 예쁘게 생긴 새네.

<은혜 갚은 두루미> 이야기에 나오는 두루미는 '학'이라고도 해요. 새하얀 몸에 머리 위에는 살이 붉게 드러나 있으며, 눈에서부터 목까지는 검은색을 띤 매우 아름다운 새랍니다.

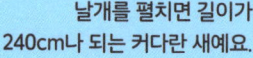

날개를 펼치면 길이가 240cm나 되는 커다란 새예요.

• 새의 깃털에도 종류가 있어요!

1 날개깃

새의 날개 뒤쪽 테두리에서 볼 수 있는 깃털인 날개깃은 길고 튼튼한 편이에요. 하늘을 날기 위해 필요한 깃털이며 뼈에서 자라나 있어요.

2 윤곽깃

몸 바깥쪽 대부분을 덮고 있는 깃털로, 몸이 다치지 않게 지켜 주는 역할을 한답니다.

3 솜깃(면우)

실이나 솜처럼 부드러운 깃털이에요. 윤곽깃의 안쪽에 자라나 있으며, 체온을 유지해 주는 역할을 한답니다.

직접 해 보자!

• 알록달록 예쁜 새의 깃털을 조사해 봐요

새의 깃털은 빨강, 초록, 검정, 파랑 등 색깔이 알록달록해요. 어떤 종류의 색깔이 있는지 도감을 찾아보거나 동물원에 가서 직접 조사해 보아요.

금강앵무

무지개왕부리새

물총새

 새의 수수께끼

🔍 새의 깃털로 천을 만들 수 있을까?

Ⓐ 새의 깃털만으로는 천을 만들 수 없지만, 다른 곳에서 다양하게 쓰이고 있어.

대부분의 천은 실로 짜서 만드는데,
아래의 사진에 나오는 것들이 실의 재료가 된답니다.

실을 만드는 재료

양의 털 → 울(wool)

누에의 고치 → 명주실

목화 → 무명실

 그렇다면 새의 깃털은 어디에 쓰이는 걸까?

• 깃털의 종류와 쓰이는 곳

깃털에는 날기 위해 필요한 깃털과 몸을 보호하거나 체온을 유지하는 데 필요한 깃털로 나누어져 있어요. 깃털은 길이가 짧기 때문에 실로 만들 수는 없답니다.

솜깃(면우)

보드라운 솜깃은 윤곽깃의 안쪽에 자라나 있으며, 체온을 유지하는 보온 기능과 방수 기능을 해요. 이런 특징 때문에 다운재킷(방한복)이나 이불 속에 들어가는 내용물 등에 사용되고 있어요.

다운재킷

깃털이 들어간 이불

날개깃

가운데에 단단한 심이 있는 깃털이에요. 모자 장식이나 셔틀콕에 사용되며, 커다란 새의 날개깃은 깃털 펜으로도 쓰인답니다.

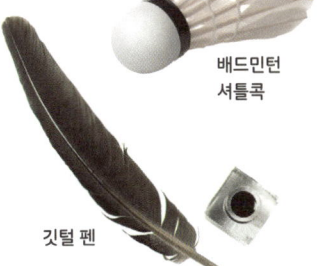

배드민턴 셔틀콕

깃털 펜

새의 수수께끼

Q '베틀'은 어떤 기계일까?

A 실을 사용해서 천을 만드는 기계야.

실로 어떻게 천을 만드는 걸까?

베틀은 무명실이나 명주실로 천을 만들 때 사용했던 도구예요. 세로로 펼쳐 놓은 실 옆으로 다른 실을 교차시키듯이 끼워 넣어 천을 만든답니다. 하지만 사람이 손과 발을 움직여서 작동시키는 기계라 천을 만드는 데 많은 시간이 걸렸어요. 따라서 베틀로 짠 천은 아주 비싸게 팔리고는 했지요. 두루미가 만든 아름다운 옷감이 비싸게 팔릴 수밖에 없었겠지요?

베틀을 사용해 천을 만들었어요.

천은 세로로 펼쳐 놓은 실과 옆으로 끼워 넣은 실을 교차시켜 만들어요. 실을 끼워 넣는 방법을 다르게 하면 다양한 종류의 천을 만들 수 있어요.

• 자동으로 움직이는 베틀

1896년, 도요다 사키치라는 사람은 물이 끓을 때 생기는 증기의 힘을 이용해 움직이는 동력 베틀을 발명했어요. 덕분에 사람이 직접 작동시키는 것보다 훨씬 더 많은 천을 만들 수 있었고, 일본의 공업 생산력도 크게 올라갔답니다.

도요다 사키치가 발명한
도요다식 자동 직기(베틀)

*사진 제공
도요다 산업기술 기념관

직접 해 보자!

• 천을 돋보기로 관찰해 봐요

돋보기로 천을 자세히 살펴보면
실이 가로세로로 나뉘어 있는 것을 볼 수 있을까?
어떤 실을 사용해서 만들었을까? 만져 보면 어떤 느낌일까?
다양한 천을 돋보기로 관찰해 보세요.

나도 과학자 실험해 보기 — 실로 팔찌를 만들어 보자

알록달록 예쁜 색실을 엮어 만드는 실 팔찌. 실로 물건을 만드는 것은 쉽지 않지만 한번 도전해 볼까요? 비즈를 끼워 꾸미면 더 예쁘고, 즐겁게 만들 수 있을 거예요.

만드는 방법

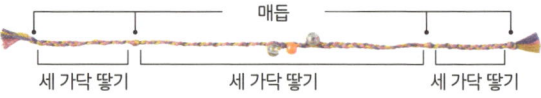

● **세 가닥 땋기**

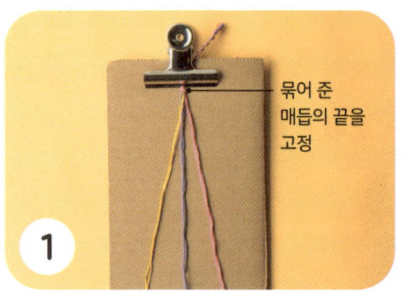

1
묶어 준 매듭의 끝을 고정

60cm 길이의 자수용 실을 색깔별로 2줄씩 준비한 다음 모아서 끝을 묶고 두꺼운 종이 위에 묶인 매듭 부분을 집게로 고정시켜요.

2

아래 그림과 같이 색깔별로 번갈아 가며 세 가닥으로 땋아요. 마음에 드는 길이까지 땋으면 완성이에요.

왼쪽 실을 가운데로 오게 해요.

오른쪽 실을 가운데로 오게 해요.

왼쪽 실과 오른쪽 실을 그림처럼 번갈아 가며 꼬아 줘요.

준비물

- 두꺼운 종이
- 집게
- 좋아하는 색깔(3가지)의 자수용 실

※세 가닥 땋기: 색깔별로 60cm 길이의 실 2줄씩 준비
고리 매듭: 색깔별로 80cm 길이의 실 2줄씩 준비

● 고리 매듭

세 가닥 땋기 — 고리 매듭 — 세 가닥 땋기 (매듭)

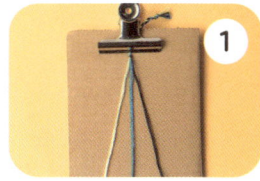

1

80cm 길이의 자수용 실을 색깔별로 2줄씩 준비한 다음 모아서 끝을 묶고 두꺼운 종이 위에 묶인 매듭 부분을 집게로 고정시켜요.

2

매듭 만들 실을 정하고, 남은 2개는 가운데로 모아 심을 만들어요. 그다음 매듭 만들 실을 손가락에 걸고 4모양으로 만들어요.

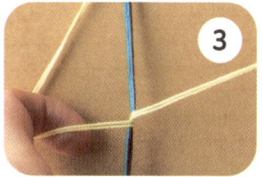

3

②에서 만든 심에 매듭 만들 실을 감아 줘요.

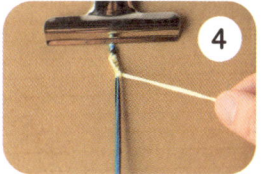

4

꽉 묶은 다음 위로 올려요.

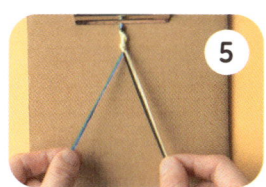

5

원하는 만큼 감았으면 매듭이 될 실과 심의 위치를 바꿔 줘요.

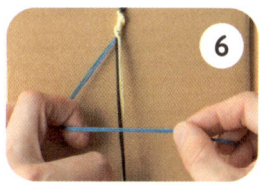

6

실의 위치를 바꾸면 다음 매듭의 색을 다르게 할 수 있어요. ②~④를 반복하다 매듭을 묶어요.

181

새의 수수께끼

🔍 새는 어떻게 날 수 있는 걸까?

A 날개를 위아래로 움직여서 나는 거야.

비둘기

날갯짓으로 비행

새는 날개로 공기를 밀어내듯이 움직여서 몸을 띄워 하늘을 날 수 있어요. 아래로 내려간 날개는 공기의 저항을 받아 위로 올라가게 돼요. 그다음 다시 공기를 밀어내듯 날개를 아래로 내리는 행동을 반복하면 날 수 있답니다.

제자리에 머문 채 날기도 한다

아주 빠르게 날갯짓을 하며 나아가지 않고 제자리에 머문 채 날기도 해요. 이것을 '정지 비행'이라고 해요.

황조롱이

날개가 펼쳐진 채로 난다

날개를 펼친 채 상승 기류를 타고 빙글빙글 돌면서 하늘 위를 나는 방법도 있어요.

솔개

토끼와 거북

토끼와 거북이가
누가 더 빨리 달리는지 경주를 하기로 했어요.
토끼와 거북이의 속도는 어느 정도
차이가 났을까요?
그리고 토끼는 왜 경주를 하다 쉬었을까요?
조금 어려워 보이지만 함께 생각해 보아요!

| 명작 동화를 과학으로 풀어 보자! |  속도의 수수께끼 | » 189쪽 |

어느 날, 거북이가 느릿느릿 길을 걷고 있었어요.
그때 토끼가 껑충껑충 뛰어와서 말했어요.
"거북아, 넌 정말 느리게 걷는구나!"
"토끼야, 안녕! 내가 좀 느리기는 하지만
너를 이길 수도 있지 않을까?"

"뭐라고? 그럼 나랑 누가 빠른지 내기해 볼래?
저기 보이는 산꼭대기에 먼저 도착하면
이기는 거야! 어때?"
"좋아, 경주해 보자."

준비~ 출발!

토끼는 껑충껑충 뛰고 거북이는 엉금엉금 기었어요.

느린 거북이를 본 토끼는 웃으면서 재빨리
산꼭대기를 향해 달렸지요.

"하하하! 거북이는 아예 보이지도 않네?
저런 느림보가 나를 이길 리 없지!"
토끼는 나무 그늘에서 잠시 쉬어 가려다
깜빡 잠이 들고 말았어요.

"토끼야, 나 먼저 간다."

거북이는 낮잠에 빠진 토끼 옆을 지나 산꼭대기에 먼저 도착했어요.

결국 거북이가 경주에서 토끼를 이겼답니다.

과학으로 풀어 보자!
토끼와 거북

속도의 수수께끼
'속도'는 어떻게 구할 수 있는지 한번 알아보아요!

 토끼와 거북이의 한 걸음은 얼마나 다를까?

A 토끼의 점프 한 번과 거북이의 한 걸음은 엄청 큰 차이가 나!

토끼는 뒷다리의 힘이 세서
한 번에 멀리 뛸 수 있어요.
산토끼는 한 번 점프하면
100~150cm 정도 나아갈 수 있대요.

100~150cm

한편, 거북이의 한 걸음은 자기 몸길이의
반이나 같은 길이 정도 된다고 볼 수 있어요.
예를 들어 몸길이가 10cm인 거북이라면,
한 걸음에 5~10cm 정도 나아갈 수 있는 것이지요.

5~10cm

한 걸음으로 나아갈 수 있는 거리의 차이가 생각보다 크네.

속도의 수수께끼

🔍 토끼와 거북이의 속도는 얼마나 다를까?

🅰 조금 어려운 문제지만 계산해 볼 수는 있어!

토끼와 거북이의 속도는 종류에 따라 다르기는 하지만 토끼가 100m를 9초 만에 달렸다는 기록이 있어요. 반대로 거북이는 1시간 동안 약 200m를 나아갔다는 기록이 있어요.
그럼 이 기록들로 속도를 한번 계산해 볼까요?

9초 만에 도착 — 100m

1시간 만에 도착 — 200m

이야기 속 토끼는 속도가 엄청 빨랐네.

* 거북이의 속도는 시속 190m라는 자료가 있어요. 여기서는 간단하게 200m로 계산했어요.

산에서 2km 거리를 경주한다고 해 볼게요.
이 경우, 토끼와 거북이는 결승점에 도착하기까지
각각 어느 정도의 시간이 걸릴까요?

토끼는 3분 만에 도착해요.

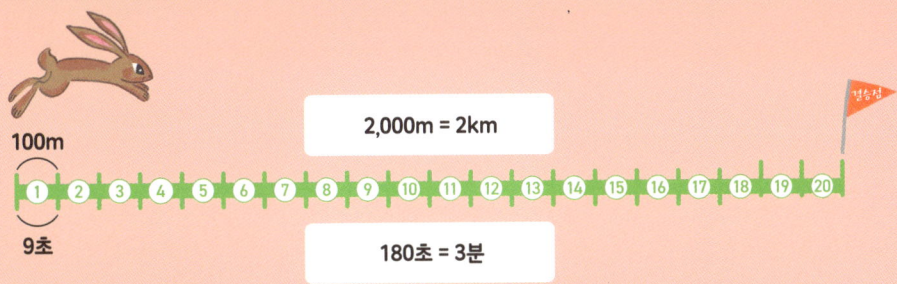

2km=2,000m예요. 2,000m는 100m가 20개 있는 것과 같지요.
토끼는 100m를 9초 만에 달려갈 수 있으므로 2,000m를 간다면 180초 걸리겠네요.

거북이는 10시간 만에 도착해요.

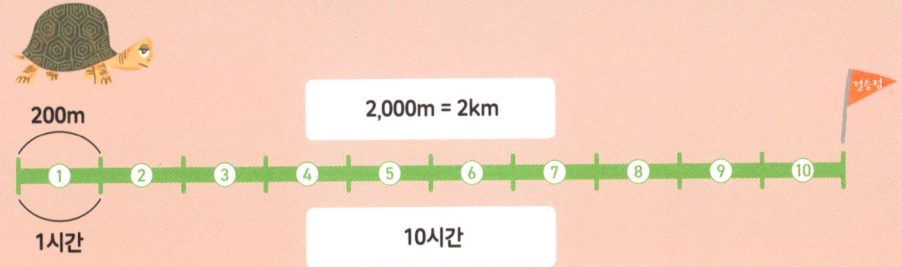

2,000m는 200m가 10개 있는 것과 같아요.
거북이는 200m를 1시간 만에 갈 수 있으므로 2,000m를 간다면 10시간 걸리겠네요.

토끼와 거북이가 나아가는 속도는
큰 차이가 나는구나.

 **속도의 수수께끼**

토끼의 속도는 계산 결과로만 보면
사람의 100m 달리기 세계 신기록과 비슷하지만
계속해서 이 속도로 달릴 수는 없지요.
그래서 이야기 속의 토끼가 달리다 말고
잠깐 쉬게 된 것일 수도 있겠네요.
이야기 속 토끼는 16초 정도 온 힘을 다해 달리다
1시간 동안 쉬었던 게 아닐까요?

한편, 이야기 속의 거북이는
느리지만 멈추지 않았기 때문에
계속해서 앞으로 나아갈 수 있었지요.
그 결과 경주에서 거북이가 이긴 것이랍니다.

더 알고 싶어!

치타는 왜 빠른 걸까?

땅 위에 살고 있는 수많은 동물 중에
가장 빠른 동물로 꼽히는 치타는 달릴 때
몸 전체를 용수철처럼 사용해요.
앞다리와 뒷다리를 각각 앞뒤로
힘껏 뻗으며 몸을 날린 다음 당기는
방법으로 달리는 것이지요.
하지만 이때 치타는 몸의 에너지를
순간적으로 아주 많이 사용하기 때문에
오랜 시간 동안 빠르게 달릴 수는 없어요.
이런 점은 토끼와 비슷하네요.

치타는 시속 100km를 넘을 때도 있어요.

> 직접 해 보자!

• 걷는 법과 달리는 법을 바꿔 가며 기록을 세워 봐요

토끼와 거북이가 된 기분으로 나아가 보세요.

◉ 한 걸음에 얼마나 나아갔을까?

① 10걸음 걸으면?   ② 자신의 한 걸음을 계산해 보자!

_____ cm   10걸음 걸었을 때의 거리÷10 = 한 걸음 _____ cm

◉ 걸음 수를 비교해 보자!

같은 거리(예를 들어 50m 길이의 학교 복도)를 평소처럼 걸을 때와 달릴 때,
각각 몇 걸음 만에 갈 수 있을까?

평소처럼 걸을 때
_____ 걸음

달릴 때
_____ 걸음

걸을 때는 거북이가 된 기분으로,
달릴 때는 토끼가 된 기분으로 나아가 봐요.
또한 달리고 난 뒤의 기분은 어떤가요?
계속 달릴 수 있나요, 아니면 달리기 힘들 것 같나요?
토끼가 도중에 쉴 수밖에 없었던 마음을 조금은 알 것 같은가요?

  속도의 수수께끼

🔍 장수를 상징하는 거북이는 얼마나 오래 살까?

Ⓐ 보통은 40년 넘게 사는 것으로 알려져 있어.

수많은 동물 중에 거북이는 특히 오래 사는 동물로, 40년 이상을 산다고 알려져 있어요. 종류에 따라 다르지만 연못거북은 40년 이상을 산다고 하며, '조나단'이라는 이름의 세이셸코끼리거북은 현재 190살이 넘어 역사상 가장 오래 산 거북이로 기네스북에 올랐다고 해요. 하지만 토끼는 평균 7~8년 정도 살 수 있는 것으로 알려져 있어요. 이처럼 생물은 종류에 따라서 수명, 즉 사는 기간이 다르답니다.

• '수명'이 무엇일까?

살아 있는 생물은 언젠가는 반드시 죽음을 맞이해요. 이처럼 태어나서 죽기까지의 기간을 '수명'이라고 하지요. 그럼 '평균 수명'은 무엇일까요? 평균 수명이란, '어떤 생물이 태어나서 평균적으로 사는 기간'을 가리키는 말이에요.

사진 출처

22p : JUN3 / PIXTA, Baloncici / PIXTA, venusangel / PIXTA

48p : Yoshi / PIXTA, むにゅ / PIXTA, t.nehala / PIXTA, keite.tokyo / PIXTA, のびー / PIXTA

62p : tonko / PIXTA, breeze / PIXTA

90p : しまじろう / PIXTA, Wikimedia Commons

93p : ヨコケン / PIXTA, 写遊 / PIXTA, apx55256 / PIXTA, 七味 / PIXTA

132p : RewSite / PIXTA, taka15611 / PIXTA

133p : Ishibashi / PIXTA, alps / PIXTA, グッチー / PIXTA, chie_hidaka / PIXTA

135p : COMOC Sizzle / PIXTA, Sunrising / PIXTA

151p : hap / PIXTA

165p : 5570173ISO8000 / PIXTA

178p : mazekocha / PIXTA

보호자님께

두근두근 가슴 설레는 세계 명작 동화로
아이들에게 과학적 사고의 싹을 틔워 주세요

아이들이 밝은 미래를 향해 나아갈 수 있도록 성장시키기 위해서는 일상생활과 밀접하게 연관된 순간들을 놀이라는 행위로 접하게 하며 상상력과 창의력을 키워 주는 것이 중요합니다. '책을 많이 읽는 것'은 그와 관련 있는 여러 방법 중 하나겠지요. 이 책을 끝까지 읽은 아이들이 새로운 발견과 이야기들 그리고 과학적인 현상이나 실험을 통해 두근거림을 체험했을지 무척 궁금합니다.

아이들이 이 책을 읽기 시작하며 주변 사람들과 나누게 될 다양한 소통을 통해 새로이 얻을 수 있는 지식과 경험은 더 넓은 상상력을 펼칠 수 있는 기반이 되어 줄 것입니다. 아이들은 보통 스스로 느끼게 된 감정이나 발견을 직접 그림이나 형태로 표현함으로써 끝없이 탐구하는 기쁨을 체험하는데, 그로 인해 보다 유연한 사고력과 창의력을 기를 수 있기 때문이지요.

저는 디지털 기기에 둘러싸인 삭막한 정보화 사회를 살아가는 아이들에게 차분하고 안정적인 공간에서 이야기를 읽으며 스스로 생각하고 고민해 보는 경험을 시켜 주고 싶습니다. 이러한 경험이 바탕이 된 아이들은 분명 새로운 발견을 향해 스스럼없이 나아갈 수 있는 자신감을 갖게 될 테니까요. 그렇게 된다면 새로운 것을 마주할 때마다 스스로 손을 내밀게 되는 비인지 능력을 기를 수 있을 것이고, 그것은 분명 아이들이 다가올 미래를 살아가는 데 큰 힘이 되어 줄 것이라 믿고 있습니다. 따라서 부모님들도 함께 아이들의 미래를 응원해 주셨으면 좋겠습니다.

고바야시 나오미(小林尙美)

작가 소개

가와무라 야스후미(川村康文)

1959년 교토 출생. 도쿄이과대학 물리학과 교수.
기타큐슈시 과학관 스페이스 LABO 관장.
STEAM(융합) 교육, 과학 교육, 사이언스 커뮤니케이션 전문으로 NHK 교육 채널 '베이식 사이언스', NHK '치코에게 혼난다!' 등의 방송 프로그램 출연.
<과학의 어째서? 신도감>, <과학의 어째서? 신사전>, <명탐정 코난 실험·관찰 파일 사이언스 코난> 시리즈 등 많은 책을 쓰고 감수했다.

고바야시 나오미(小林尚美)

STEAM(융합) 교육 전문가. 네 살 때부터 스즈키 메소드에서 피아노를 배웠고, 유치원 교사로서 음악에 친숙해지는 '마음의 교육'을 실천. 유치원 원장을 지낸 후 도쿄이과대학 종합연구원 '미래의 교실·사이버 미디어 캠퍼스 간담회' 미래의 교실 프로젝트에 참가. 유아부터 일반 학생을 대상으로 폭넓게 과학 실험 강연과 연구 진행. 공동 저서로 <시작해 보자 STEAM 교육>, <부모님과 함께 즐겁게! 재미난 과학 실험 12개월>이 있다.

동화: 기타가와 치하루(北川チハル)

아이치현 오카자키시에서 태어남. 보육 교사로 활동하다 작가로 데뷔.
그림책, 동화 등의 분야에서 폭넓게 활동 중.
<치코의 오빠>로 아동 문예 신인상, <필통에서 하늘>로 히로스케 동화상, 아동펜상 '동화상' 수상. 집필과 함께 토크 콘서트, 육아·학교 도서 지원 등의 활동을 이어 가고 있다.
일본아동문예가협회, 일본아동문학자협회 소속. 아사히 방송 TV 프로그램 심사심의 위원.

옮긴이 김우상

계명대학교에서 일본학을 전공했다. 다양한 미디어와 콘텐츠를 소비하면서 대중과 창작자를 잇는 다리 역할을 꿈꿔 왔으며, 현재는 게임, 만화, 웹툰, 도서 등 다양한 분야에서 번역가로 활동 중이다. 웹툰 <회귀 대마도사의 근접 마법 무쌍>을 번역했다.

제작 스태프

아트 디렉션	호소야마다 미츠노부
디자인	노시로 나루미, 에노모토 리사 (호소야마다 디자인 사무소)
일러스트	seesaw., 네기시 미호 하라 아츠시, 우라모토 노리코 하야카와 요코 (등장순)
촬영	오미자 호쿠토 (세계문화 홀딩스)
만들기 협력	미야치 아키코 (미야치 스튜디오)
촬영협력	이시지마 히로토
사진	Shutterstock, PIXTA
본문DTP	주식회사 메이쇼도
교정	주식회사 엔스이샤
편집협력	이시지마 다카코
편집	요시무라 아야카

KAGAKU DE NAZOTOKI DOUWA NO FUSHIGI 50
© Yasufumi Kawamura, Naomi Kobayashi, Chiharu Kitagawa 2024
Originally published in Japan in 2024 by Sekaibunkasha Inc., TOKYO.
Korean Characters translation rights arranged with Sekaibunka Holdings Inc., TOKYO, through TOHAN CORPORATION, TOKYO and EntersKorea Co., Ltd. SEOUL.

이 책의 한국어판 저작권은 ㈜엔터스코리아를 통해 저작권자와 독점 계약한 ㈜지경사에 있습니다. 저작권법에 의하여 한국 내에서 보호를 받는 저작물이므로 무단전재와 무단복제를 금합니다.

명작 동화에 숨어 있는
과학 수수께끼

2025년 6월 25일 초판 1쇄 발행

지은이 가와무라 야스후미·고바야시 나오미·기타가와 치하루
옮긴이 김우상
펴낸이 김병준
펴낸곳 (주)지경사
주   소 서울특별시 강남구 논현로 71길 12
전   화 02)557-6351(대표) 02)557-6352(팩스)
등   록 제10-98호(1978. 11. 12)

편집 책임 한은선 디자인 이수연
ISBN 978-89-319-3464-9 (73030)
잘못 만들어진 책은 구입하신 곳에서 바꾸어 드립니다.